Janina Crocoll

begegnet

Janina Crocoll

begegnet

Biblische Geschichten und dein Platz darin

neukirchener

Inhaltsverzeichnis

Mir auf der Schliche

Sich selbst auf die Schliche kommen.
Im Einklang mit sich, eigenen Gefühlen
und Bedürfnissen handeln können.
Entdecken, dass die eigene Geschichte
in biblischen Erzählungen einen
Platz erhält und Gott ein Gott ist,
der in allem mit uns ist.

Es war kalt, nass und traurig.

Ganz gleich, mit welcher Person ich sprach, jede einzelne von ihnen schien große Schatten mit sich herumzutragen. Manche konnten die Gesichter der Schatten nicht benennen. Sie sagten Sätze wie „Ach, du weißt schon, es ist eben schwer." Oder sie spürten Bauchschmerzen, wo sie vorher keine hatten. Oder Müdigkeit. „Man macht eben weiter." Es war November 2020 und ich spürte diese Dunkelheit und Schwere auch. Mich machte es nachdenklich, dass so viele Menschen nicht benennen konnten, was diese dunklen Schatten in ihrem Leben waren. Dass so viele Menschen keine Verbindung zu sich hatten.

Und dann begann ich Geschichten zu erzählen. Fragen zu stellen. Pausen zu schenken, in denen es um nichts anderes ging als um die eigene Seele. Und darum, wieder von Hoffnung umarmt zu werden, von Gott selbst.

SEHNSUCHT

„Die zerbrechlichen Dinge werden ja extra in Zeitungspapier gewickelt- und um jedes Herz ist fürsorglich ein ganzer Mensch gepackt."

SARAH BERGER-

Ich glaube, dass wir als Menschen unser eigenes Zeitungspapier erst entwickeln müssen. Zumindest war das bei mir so. Dass ich ein Mensch bin, um den ich mich kümmern darf – das habe ich nicht immer verstanden. Wie kostbar mein Herz ist und wie wichtig – das lerne ich immer noch.

Mein Name ist Janina. Ich freue mich über glutenfreie Waffeln, liebe Tee in schönen Tassen, tanze gern mit Kindern. Ich schreibe, um mich selbst und andere und Gott zu verstehen, und trage ein großes Paket an Sehnsucht in mir.

Ich bin in meinem Leben schon häufiger umgezogen. Der größte Umzug folgte inmitten von der Coronapandemie, was verschiedene Prozesse zur Folge hatte: Ich habe mich von vielen lieben Menschen verabschiedet, ohne sie umarmen zu dürfen; habe eine berufliche Rolle aufgegeben, aber auch meine Kirche verlassen, die ein Stückchen Zuhause für mein Herz war.

Mein Verhältnis zur Kirche ist ambivalent. Ich gehöre gerne zu christlichen Gemeinschaften, feiere gerne Gottesdienste. Ich habe eines Tages sehr bewusst entschieden, unter dem großen Dach der evangelischen Kirche zu arbeiten, und habe darunter auch schon in manchen Kontexten so etwas wie ein geistliches Zuhause gefunden. Aber mit diesem Umzug habe ich so etwas wie ein Zuhause dann auch wieder verloren. In mir werden Fragen immer wacher und größer: Wie relevant ist Landeskirche eigentlich noch? Passt Kirche in die Lebenswirklichkeit der Menschen? Darf ich in der Kirche so sein, wie ich bin? Wer sind die Menschen, die Kirche leiten? Habe ich als Janina dort einen Platz?

Mit all dem, was ich bin? Mit all dem, was ich ersehne? Häufig bleibe ich in der Kirche eine Fremde. Häufig habe ich frustriert einen Gottesdienst verlassen. Häufig bleibt mein Glaube unberührt.

Als ich umgezogen bin, habe ich viele Kisten gepackt. Ich habe viele Abschiedskarten und Briefe geschrieben und letzte schöne Aktionen unternommen. Aber von Gott habe ich mich nicht verabschiedet.

Ich habe mich von manchen Glaubensüberzeugungen verabschiedet. Habe manche Antwort für mich gestrichen und dort eine Leerstelle gelassen. Ich finde neue Bilder, neue Worte. Und doch ist da Gott. Und doch ist da eine Sehnsucht nach ihm.

Warum ich das so ausführlich erzähle: Ohne all diese Sehnsucht wäre dieses Buch nie entstanden. Glaube gehört für mich in meinen eigenen Alltag hinein. In das Ungerade. In das, wo Staub auf dem Boden liegt und ich nicht hinterherkomme, weil die Waschmaschine kaputt gegangen ist und Priorität hat. In meine langen To-do-Listen, in dieses komplizierte Telefonat und wie ich mich davor drücke. In meine Freude über Käsekuchen und neuen weißen Tee und meine Enttäuschung und Frust, wenn ich meinen hohen Erwartungen nicht gerecht werde. In mein Vermissen, in mein Träumen, in mein Hoffen. In meine letzten Gedanken am Abend und in meine Müdigkeit am Morgen. In den Moment, wenn ich unsicher vor dem Spiegel stehe und lieber doch noch eine andere Hose anziehe. In die Zeiten, in denen ich krank auf dem Sofa liege und mich in Netflix-Serien verliere. In den Augenblick, in dem sich alles leicht anfühlt. In alles das. In das Leben eben. Mein Glaube zieht sich wie ein goldener, glitzernder Faden hindurch. Aber manchmal entdecke ich ihn nicht. Und noch viel häufiger berühre ich ihn nicht.

Dabei trage ich Sehnsucht nach Begegnung mit Gott, nach Begegnung mit mir, nach einer mit glitzernden, goldenen Fäden durchfluteten Begegnung mit der Welt in mir.

Da blieb ich und noch etwas: diese Beobachtung, dass es so viele Menschen ohne Bezug zu sich selbst gab. Diese Beobachtung enthielt gar keine Wertung. Viele Menschen haben es nicht gelernt, sich selbst Fragen stellen zu dürfen, die eigenen Gefühle wichtig zu nehmen und zu fragen, was Gott in ihrem Leben eigentlich für einen Platz einnimmt. Dabei stellte ich fest, wie wichtig das war. Wie heilsam es für Menschen war, wenn sie durch Seelsorge, Mentoring oder ein offenes Ohr am Gartenzaun sich selbst mehr auf die Schliche kamen. Wenn sie Worte fanden für das, was sie bewegte, was sie bedrückte.

Als sowieso so viel Leben vor dem Bildschirm stattfand und als so viel Dunkelheit vor dem Fenster lag, in der Welt und manchmal auch in mir; als ich im Café mit meiner heißen Tasse Grüntee saß und es nicht mehr aushielt, da startete ich digitale Abend-Andachten. Alle zwei Wochen lud ich ganz unverbindlich zu zwanzig kurzen Minuten ein, in denen ich eine Geschichte teilte, Zeit zum Beten gab, Segen aussprach. Auch wenn es mich freute, wenn Menschen mir rückmeldeten, dass diese zwanzig Minuten ihnen guttun würden; vor allem taten sie vermutlich mir gut.

Aus diesen Abend-Andachten ist dieses Buch hier geworden.

Vielleicht hast du auch so eine Sehnsucht nach diesem goldenen Faden in deinem Leben. Aber vielleicht sind die Stimmen von Pflichterfüllung, dem Müssen, der eigenen Unbegrenztheit größer. Vielleicht vermisst du es, dass dir jemand Gnade zuspricht.

Vielleicht suchst du nach Räumen, in denen Gott wieder lauter sprechen darf, aber findest keinen Anschluss zu einer Kirche oder einer christlichen Organisation. Oder vielleicht geht es gar nicht um Anschluss, sondern du spürst häufig auch viel Fremde, die dir dort begegnet. Vielleicht erhältst du keinen Platz.

Vielleicht fehlt es dir, dass Glaube nicht etwas Generelles ist, sondern etwas Persönliches wird und zu dir, zu deinem Zeitungspapier passt. Vielleicht vermisst du, dass Glaube nicht ein Dogma, sondern eine Begegnung wird. Vielleicht wünschst du dir, wieder mehr bei dir ankommen zu können – zu entdecken, wer du eigentlich bist.

Vielleicht bist du zufällig hier gelandet und schaust ganz frei, was passiert.

Und vielleicht fehlt dir auch gar nichts, aber du bist einfach neugierig:

In jedem Fall: herzlich willkommen.

Ich möchte dir mit diesem Buch die Möglichkeit schenken, dann, wann es dir passt, so, wie es dir guttut, in dem Tempo, das dir möglich ist, dir Zeit für deine Seele zu nehmen. Zeit für deine Gefühle. Zeit für deine Sehnsucht. Zeit für Begegnung mit Gott.

Man könnte es auch runterbrechen darauf, dass ich hier einfach Geschichten erzähle. Das mache ich auch. Meine Hoffnung ist aber, dass dadurch auf irgendeine Weise Reflexion geschieht, ein Verbinden mit diesem goldenen Faden, der sich Gnade nennt.

RAUM SCHAFFEN

„Hast du schon immer so viel reflektiert?“, hat mich mal jemand gefragt. Und ich konnte das gar nicht so erklären. Ich werde innerlich unruhig, wenn ich mich nicht erklären kann und das, was in mir gerade wirbelt. Deshalb schreibe ich Tagebuch, mache Spaziergänge, spreche mit anderen Menschen, bete.

Für manche mag das ganz unnatürlich sein.
Für manche ist es auch unnatürlich, sich bewusst Zeit für sich selbst und die eigenen Gefühle zu nehmen und sich darauf einzulassen, dass Gott mitten im Alltag mit seinem goldenen Faden aufblitzt. Für manche scheitert es auch an Raum und Zeit dafür und Platz in einem sowieso schon vollen Kopf.

Falls du das so empfindest, mag ich dir hier ein paar Punkte mitgeben, die dir möglicherweise helfen könnten, so eine Reise zu dir und zu Gott zu beginnen.
Falls du da keine zusätzlichen Ideen brauchst, darfst du diese Stelle auch mutig überspringen. Meine Ideen sollen keinen Druck aufbauen, sondern Anregungen bieten.

WARUM?

Wir müssen hier direkt auch die Sache mit den Prioritäten auf den Tisch legen. Wenn du ähnlich wie ich gestrickt bist, dann wirst du viele andere Dinge zuerst tun, bevor du dir Zeit für dich nimmst. Wenn du ähnlich wie ich gestrickt bist, dann wirst du schwer abschalten können und dich am Ende des Tages am allermeisten über all das freuen, was du geschafft hast.

Zeit für Begegnung mit Gott und Begegnung mit dir selbst ist kein Selbstoptimierungsprozess, um damit leistungsfähiger für ein Wirtschaftssystem zu sein. Zeit für Begegnung mit Gott ist keine neue Selbstachtsamkeits-Formel. Zeit für Begegnung mit Gott hat keinen Zweck. Das ist keine Leistung, die du erbringen musst. Das ist keine Pflicht, die du erfüllst.

Ich suche mir Zeiten mit Gott, weil ich dadurch viel achtsamer dafür werde, in meinem wirbelnden Alltag und allen Gefühlsreisen diesen goldenen Faden nicht zu vergessen. Ihn aufzuheben, mich an Gott erinnern zu lassen und seine Inspiration in meine Fragen und Gedanken zu nehmen. Ich suche mir Zeiten mit Gott, weil ich sie vermisse, wenn ich es nicht tue. Weil ich nicht an meiner Seele vorbeileben kann.

Dein „Warum" findet sich nicht bei einer anderen Person oder ihren Erwartungen. Dein „Warum" findet sich tief in dir.

ZEITPUNKT

Ich sehe Aufgaben. Immerzu. Ich sitze an einem Sonntagnachmittag da, höre Lieblingsmusik, lasse die Sonne durch die Fenster scheinen, genieße Kuchen und sehe ein kleines Spinnennetz in der Ecke. Ich kann das nicht bis später warten lassen. In meinem Mund ist noch warmer Teig vom Käsekuchen, während ich aufstehe und den Besen hole. Ich sehe Aufgaben. Immerzu. Sehe beim Filmschauen, wenn im Regal gegenüber etwas noch nicht sortiert ist. Spüre die Last von den Verpflichtungen für morgen, während ich gemütlich am See sitze. Denke mir, dass man doch schnell die Pflanze umtopfen könnte, wenn ich mich auf der Liege sonne.

Das kann schwierig sein, wenn man doch eigentlich gerade Zeit für seine eigene Seele haben möchte. Wie kann ich in meinem eigenen Zuhause ruhig werden? Wie schaffe ich es, sitzen zu bleiben? Wie schalte ich meinen Aktionismus kurz aus? *(Dazu muss ich auch sagen: Nicht für alle funktioniert eine still sitzende Ruhe – mir kommen die besten Gedanken beim Wandern. Aber falls dir tatsächliche Ruhe in Verbindung mit still sitzen fehlt, kommen hier ein paar Ideen.)*

Mir hilft:

+ Wichtige und dringende Aufgaben erst erledigen.
+ Mir bewusst einen Wecker stellen, bei dem ich weiß: Für diese zwanzig Minuten bin ich raus aus meinen Aufgaben, raus aus meiner Pflichterfüllung und widme mich dem erst nach diesen zwanzig Minuten.
+ Aufschreiben, was in meinem Kopf an Aufgaben herumschwirrt. So weiß ich, dass all diese Aufgaben nicht verloren gehen, sondern zu einem späteren Zeitpunkt angeschaut werden können.
+ Lieblingstageszeit auswählen: Wenn ich morgens zu unruhig bin, dann muss ich mich nicht zu einer Gott-Begegnungs-Zeit am Morgen zwingen. Wenn ich am Abend zu müde bin, dann ist das vermutlich auch nicht meine Zeit. Wenn ich mittags keine Pause finde, dann entspricht mir das auch nicht.

Mir als Janina tut der Abend gut. Dann, wenn es vor den Fenstern dunkel wird. Wenn meine Aufgaben erledigt sind. Wenn die Spülmaschine ihre surrenden Geräusche macht. Wenn ich eine Kerze anzünden kann und meine gemütliche Hose trage. Wenn vermutlich niemand mehr anruft und ich nicht unterbrochen werde. Aber da ist jede Person anders und alles ist erlaubt und gut.

VORBEREITUNG

Wenn ich den passenden Zeitpunkt für mich gefunden habe und wenn all meine Aufgaben auf einer To-do-Liste, aber nicht mehr in meinem Kopf sind, dann braucht mein Raum noch Einrichtung. Damit meine ich ganz schlicht, dass wir noch Vorbereitung brauchen.

Ich kann nicht auf Knopfdruck bei mir ankommen und bei Gott. Ich brauche diese Vorbereitung in Form von verschiedenen Dingen.

a) Schönes

Wenn ich eine Gott-Begegnen-Zeit feiere, dann zünde ich mir eine Kerze an. Dann räume ich kurz noch einmal den Raum auf. Dann lasse ich kein dreckiges Geschirr auf demselben Tisch wie mein Tagebuch liegen.

Mir als Janina hilft Schönheit. Schönheit zeigt sich für mich in Stimmigkeit, in Ordnung, in Gemütlichkeit. Dein Schönheitsbedürfnis kann durch etwas ganz anderes angesprochen werden. Selbst wenn du dich selbst nicht als ästhetisch bewusste Person siehst. Ich glaube, dass wir alle eine Form von Schönheit kennen und schätzen.

Aber das ist nur ein Tipp und kein Muss. Gott hat gar kein Problem damit, neben der leeren Döner-Box und der halb getrunkenen Spezi Platz zu nehmen.
Hier geht es um das, was dir als Person guttut, um zu dir zu finden.

b) Stimmung

Filmmusik auf den Ohren und ich bin gedanklich und emotional ganz anders bei mir, als wenn ich noch eine Nachrichtenstimme, Kinder nebenan oder die WG-Mitbewohnerin ihre Vokabeln laut vor sich hinmurmeln höre.

Ich lasse mich gerne in gewaltige Filmmusik fallen.

Tatsächlich können wir durch Musik viel Stimmung erzeugen. Was auch immer du für eine Stimmung brauchst, gestalte sie mit. Dazu kann Musik gehören oder warmes Licht oder besondere Dekoration.

c) Sinne

Die Sinne gehören zur Stimmung und zum Schönem schon dazu. Mir war aber wichtig, noch einmal ganz explizit zu sagen: Wenn wir nach diesem goldenen Faden suchen, der sich durch unser Leben ziehen darf; wenn wir ihn mal anfassen wollen, die feine, sanfte Wolle spüren, dann dürfen wir unsere Sinne nicht vergessen. Dann ist es sogar ganz wichtig, dass wir uns ihrer bewusster werden. Denn ganz bewusst sind wir als Menschen mit diesen Sinnen geschaffen.

Kleine Anmerkung dazu: Vielleicht kennt ihr das Buch von Gary St. Thomas „Neun Wege, Gott zu lieben". Für mich war der Inhalt des Buches ganz wertvoll. Und ich habe dabei herausgefunden, dass mein Weg ein sinnlicher Weg ist. Das darf bei euch ganz anders sein. Vielleicht muss nur euer Kopf angesprochen werden, vielleicht nur euer Intellekt oder vielleicht braucht ihr Bewegung für den Körper.

Wir Menschen tragen unterschiedliche Bedürfnisse in uns. Ich glaube, dass jede:r von uns von irgendeinem Sinn besonders angesprochen wird. Manche Personen lieben es, etwas zu spüren. Sie sind besonders haptisch veranlagt und kuscheln sich deswegen gerne in die weichste Decke. Andere liebe Düfte und nutzen Räucherstäbchen, Duftkerzen oder Raum-Diffuser. Manche können gutes Essen auf besondere Weise genießen und lieben eine Schale Pistazienkerne neben sich.

Du darfst herausfinden, wann deine Seele tiefer atmet. Du darfst herausfinden, wann dein Herz langsamer schlägt und dein Kopf ruhiger wird. Du darfst herausfinden, was du brauchst, um bei dir und dann bei Gott ankommen zu können. Ich habe hier kurze Fragen an dich, um dem für dich auf die Schliche zu kommen:

+ Wann entsteht für mich ein Gefühl von Gemütlichkeit?
+ Wann kann ich mich entspannen?
+ Wann fühle ich mich in Räumen am wohlsten?

b) Körper

Ich bin Mensch. Ich bin Körper. Ich habe nicht nur einen Körper, ich bin auch Körper. Eben weil das so ist, darf ich ganz bewusst mit meinem Körper umgehen. Ich darf mein Herz so sorgsam einwickeln, wie ich eine kostbare Vase in Zeitungspapier einwickeln würde. In der Bibel gibt es einen Vers, dass unser Körper ein Tempel des heiligen Geistes ist. Mit Tempeln kann ich zumindest wenig anfangen. Aber was ich verstehe: Mein Körper ist nicht nur eine Verpackung, damit ein Mensch existieren kann. In meinem Körper ist etwas von Gott selbst. Mein Körper ist wertvoll. Mein Körper verdient Beachtung.

Deswegen liebe ich es, in meinen Gott-Begegnen-Zeiten meinem Körper etwas Gutes zu tun.

Einmal durchatmen. Schultern hängen lassen. Zunge vom Gaumen lösen. Einmal die Knie strecken. Die Arme locker baumeln lassen. Sich nach oben ziehen.

Eine bequeme Position einnehmen. Und dann atmen. Ganz bewusst. Ein. Und aus. Die Hände auf den Bauch legen. Hinspüren.

Ich bin Mensch. Ich bin Körper. Gott lebt in mir.

ZUSATZBEMERKUNG

Alle Geschichten haben ihren Ursprung und ihre Inspiration in der Bibel. Alle Gefühle und Gedanken der einzelnen Personen sind frei erfunden und spiegeln keine historische Korrektheit wieder. Der Zugang zu den biblischen Erzählungen erfolgt nicht durch eine historisch-kritische Exegese, sondern rein meditativ-theologisch. Wenn du mehr Hintergrundinformationen zu den Erzählungen haben möchtest, dann empfehle ich dir, in anderer guter Literatur nachzuschlagen und die Stellen selbst noch einmal zu lesen. Meine Geschichten erheben keinen Anspruch auf Vollständigkeit. Und es wäre von mir selbst frech zu denken, mit ihnen allein wäre alles gesagt.

EINLADUNG

Herzliche Einladung, dir selbst auf die Schliche zu kommen, Raum zu schaffen und dir, anderen und Gott dabei zu begegnen.

Ich habe zwölf Geschichten geschrieben. Du darfst in diese Geschichten eintauchen, mit dir oder anderen ins Gespräch kommen durch passende Fragen und mit einem Segen wiederauftauchen. Die Geschichten haben keine Reihenfolge, sondern dürfen frei so gelesen werden, wie es zu dir passt und wie du Lust hast.

Ich wünsch dir Tiefe, Freiheit und den Mut, dir selbst, anderen Menschen und Gott zu begegnen.

JANINA

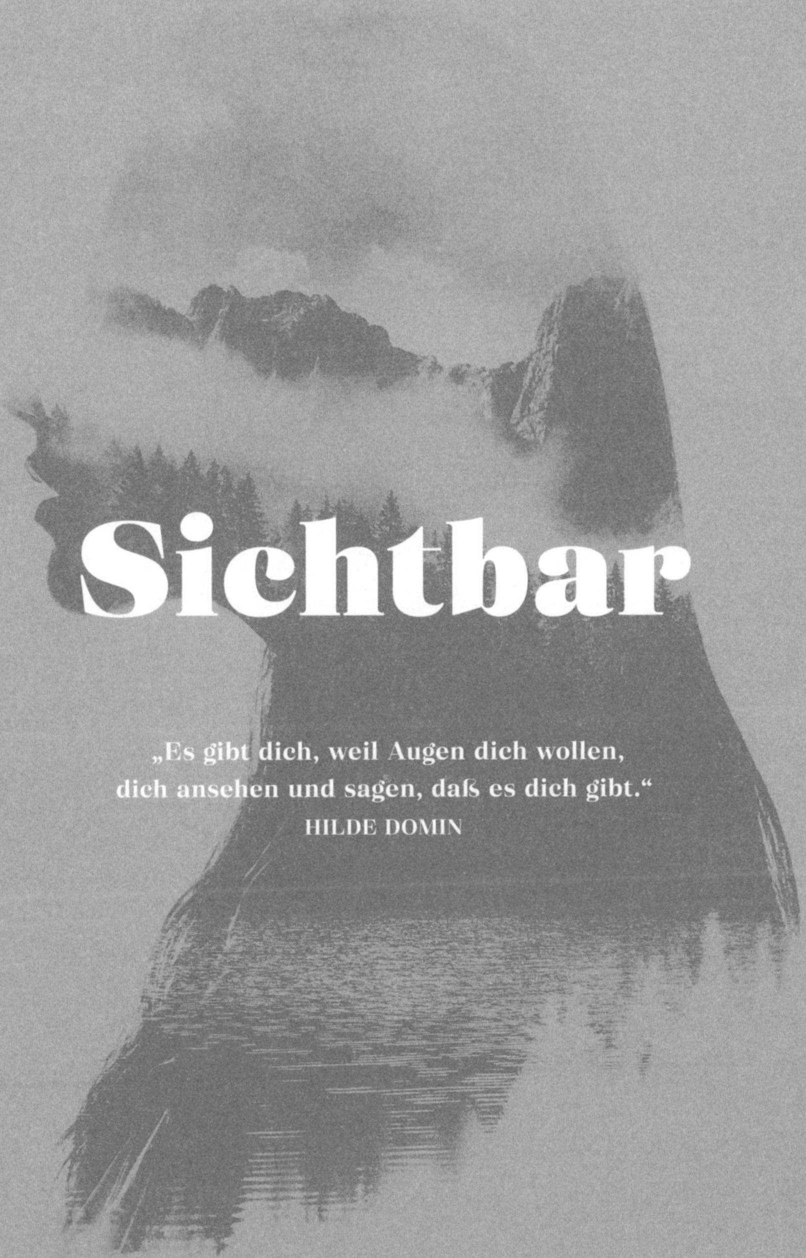

Sichtbar

„Es gibt dich, weil Augen dich wollen,
dich ansehen und sagen, daß es dich gibt.“
HILDE DOMIN

EINTAUCHEN

NACH 1. MOSE 16

Das ist die Frau ohne Stimme.
Es ist nicht so, dass keine Stimme in ihr läge.
Es ist nicht so, dass sie keine Sprache hätte.
Sie erhält nur keinen Raum für eigene Worte.

Wie die Struktur eines Stücks Papier ist die Wertung von Menschen in der Gesellschaft verankert. Gewisse Menschen, denen ein geringer Wert zugestanden wird, erhalten keinen eigenen besonderen Platz auf der Leinwand des Lebens. Sie werden als Grundierung benutzt, sodass die Farben anderer heller funkeln. Sie sind weiß, schwarz. Oder vielleicht nur beige.

Sie werden nicht als individuelle Menschen gesehen. Es wird gesehen, was sie nutzen, was sie bringen, was sie arbeiten, welche Grundierung sie legen können. Eine von ihnen ist Hagar. Man braucht nicht Hagars Blick, ihre Träume, ihre Gedanken, ihre Gefühle, man braucht nicht ihr Herz. Man braucht eine Magd, eine Sklavin. Und das ist sie.
Sie ist Hagar. Die Magd im Haus von Abraham und Sarah.
Sie ist eine Grundierung. In beige.

Vor ihr steht Sara. Was für eine schöne Frau. Loben viele. Bewundern selbst Könige.
Und wie Sara gesehen ist in der Gesellschaft. Wie eine glänzend starke Farbe hat sie einen bedeutsamen Platz als angesehene Herrin und als Ehefrau von Abraham. Sie ist reich, schön und beliebt.

Doch mit der Zeit wird ihre Farbe blasser.
Verliert an Strahlkraft.
Ihre Schönheit, ihr Status als Herrin,
ihre Rolle als Ehefrau genügt nicht mehr.
Ihre vorher so auffällige Farbe spiegelt Enttäuschung.

Es fehlt ein Kind.
Für weitere Zugehörigkeit in der Gesellschaft.
Für Akzeptanz.
Für eine gesicherte Zukunft im hohen Alter.
Doch dieses Kind fehlt.

Obwohl ihre sonst so strahlende Farbe immer mehr vom Schmerz der Erwartungen überdeckt wird, gibt Sara nicht auf. Es braucht eine Grundierung für ihre Farbe: Es braucht ihre Magd, ihre Sklavin. Es braucht Hagar.
Ihre Magd soll für sie mit ihrem Mann ein Kind zeugen, das sie dann als ihr eigenes großziehen wird.

Und Abraham, Saras Ehemann, sagt nichts.
Lässt sich darauf ein.
Schläft mit dem Beige. Schwimmt in der Struktur der Gesellschaft mit, in seinem blassen Grau.
Und während sich beide Farben mischen, strömt dunkle Farbe auf die Leinwand.

In Hagar wächst hüpfendes, neues Leben. Mit jedem Ziehen in ihrem Körper wächst dadurch auch sie. Denn sie wird selbstbewusster, nimmt sich plötzlich das Recht heraus, eine Stimme zu haben.

Jedoch nicht auf die feine Art. Wenn man nie gelernt hat, eine eigene Farbe zu haben – wie lernt man dann, weiche, helle Töne auszuwählen?

Hagar nutzt ihre Stimme auf hässliche Weise, nutzt hässliche Worte, macht sich auf hässliche Weise über ihre Herrin lustig. Sie, Hagar, kann ein Kind in ihrem Körper tragen, aber ihre Herrin nicht.

Die dunkle neue Farbe gewinnt auf der Leinwand die Macht. Es gibt hässliche Striche, es gibt laute Schreie, es gibt Verletzungen. Sara lässt sich nicht beleidigen. Hagar wird unterdrückt, gedemütigt. So schlimm, dass sie schließlich flieht. Mit ihrem schwangeren Bauch. Mit ihrem erwarteten Kind. Mit einem fehlenden Platz – sie war Grundierung – sie ist nicht mal mehr das. Wenn beige nicht mehr beige ist, wird es unsichtbar.

Hagar landet in der Wüste.
Allein.
Ungeschützt.
Machtlos.
Unversorgt.

Mit einem Wunder im Bauch, das doch in dem Moment kaum Lebenschancen trägt.
Einmal hat Hagar ihre Stimme erhoben und es führt zu schwarzer Farbe. Verletzte Menschen verletzen Menschen. Dunkle Farbe gewinnt Größe und Kraft- mit schnellen Tropfen füllt sie die Leinwand – mischt sich über das, was strahlte, verdeckt Perspektive, trocknet als harte Kruste, lässt unsichtbar werden.

Doch Augen haben nicht aufgehört zu sehen.
Die Leinwand des Lebens ist nicht fertig bemalt.
Denn da setzt Gott Hoffnung auf die Leinwand.

Hagar, die ungesehen, stimmlos, eine beige Grundierungsfarbe war, ihr schenkt Gott einen neuen Rahmen. Er zeigt sich selbst mit seinem Namen und einem Versprechen: Ich bin da für dich.

Er flüstert sanft zu Hagar.
Zu ihr als Mensch.
Nicht zu ihr als Grundierung.

Er flüstert zu ihren Gefühlen, zu ihren Sehnsüchten,
zu ihrem Herzen.
Nimmt sie wahr. Nimmt sie ernst. Sieht sie an.
Sieht mehr Farbe in ihr, als menschliche Augen aufnehmen.

„Wo kommst du her, Hagar, wo gehst du hin?"
Er lässt Hagar sprechen. Lässt sie antworten. Schenkt ihr einen Raum.

Und da leuchtet zaghaft etwas in Hagar auf.
Sie ist gesehen. Sie gehört dazu – wenn nicht zu der Gesellschaft, dann zu der Familie Mensch, die Gott schuf. Sie hat von ihm einen Platz auf dieser Leinwand des Lebens erhalten.

In allem, wo sie hässlich geworden ist, und in dem, wo man hässlich zu ihr war: Sie ist gesehen und damit ist sie nicht mehr allein.

Und in diesem Moment gibt sie Gott einen eigenen Namen:
Du bist ein Gott, der mich sieht.
Ein Ausdruck von Intimität. Ein Ausdruck von Beziehung.
Gott lässt sich von ihr benennen.

Gott spricht Hagar den Mut zu, wieder zurück zu Sara und Abraham zu gehen. Das Kind zu gebären.

Magd zu bleiben. Doch in sich diesen Funken nie zu vergessen. Und nicht Gottes Namen.

Und so geht Hagar zurück.
Aber kommt verändert an.
Sie spürt Gottes Würde auf sich,
spürt seinen liebenden Blick,
weiß um seine Nähe.

Inmitten von einer bunten Welt
verliere ich manchmal meinen Platz.

Den Platz in der Welt, in der Gesellschaft,
den Platz in mir.

Definiere meine Farbe über Erwartungen,
über Leistungen, über Erfolg.

Ich könnte grau sein und mitschwimmen.

Ich könnte verblassen und nicht anecken.

Ich könnte unsichtbar werden wie beige Grundierung.

Und doch, wenn da dieser Gott ist,
der mich anschaut, dann bin ich sichtbar.

Dann zähle ich.

Dann trage ich eine eigene Farbe.

Dann gehöre ich dazu.

Dann bin ich nicht nur verschwommene Masse.

Dann zähle ich.

Innerhalb dieser bunten Welt habe ich eine Farbe,
einen Platz, bin ich gesehen.

Ich bin sichtbar.

SICH SELBST AUF DER SCHLICHE

1. Was machst du in deinem Umfeld sichtbar? Welche Farbe sieht man?
2. Hagar geht zurück zu Sara und Abraham und stellt sich ihrer Herausforderung: Wenn Gott mit dir ist, welcher Herausforderung kannst du dich ganz bewusst stellen?
3. Wer ist in deinem Umfeld unsichtbar geworden – wen dürftest du ganz neu sehen und damit sichtbar machen?

AUFTAUCHEN

Segen mit dir.
Segen mit dir in all deinen Farben.
In dem Blassen und den Grellen.
In dem Glitzernden und dem Gewöhnlichen.
Segen mit dir, in dem, was du nicht zeigen kannst.
Segen mit dir, in dem, was überpinselt wurde, versteckt.
Auf dass es wieder aufgekratzt werden kann und die alte Farbe zum Vorschein kommt.
Segen mit dir, in dem, wo Sehnsucht nach Neuem liegt.
Auf dass du Mut spürst, zu sein, zu strahlen, zu zeigen.
Segen mit dir, in dem, wo du andere nicht mehr sehen konntest.
Auf dass du Offenheit für Menschen in dir trägst, sie in den Blick nimmst.
Segen mit dir.
Auf dass du spüren darfst: du bist gesehen und Gott von dir einen Namen erhält.

Eine Sprosse zu viel

EINTAUCHEN

NACH GENESIS 28, 10-18

Wie ein inneres Mantra hatte es
sich durch das Leben geflochten.
Nicht reflektiert. Ein unterbewusster Antrieb.
Als Jüngste von drei Kindern hatte sie genauso
viel können wollen wie ihre Geschwister.
Vor Schulbeginn kannte sie alle Buchstaben.
Beim Start des Balletunterrichts stand sie
schon auf ihren Zehenspitzen.

Das strengte sie nicht an, es spornte sie an.
Es begeisterte sie, dass immer wieder
diese Sätze fielen: „also, das in deinem Alter …".
Es erfüllte sie mit Zufriedenheit, dass sie einen Preis
für die Jüngste beim Lesewettbewerb bekam.

Anders als ihre Geschwister wählte sie ein Studium.
Fand sich inmitten von anderen Studierenden wieder,
ohne ihre Geschwister.
Stellte fest, dass sie nicht die Jüngste war
und auch nicht die Klügste.
Realisierte, dass andere das System besser verstanden
und es sie selbst erschöpfte,
so viel Selbstdisziplin aufbringen zu müssen.

„Aber unsere Debbie studiert Jura“,
wurde auf Familienfeiern gesagt,
während sie nur mit Mühe
ein Kuchenstück runterbekam aus Angst vor den nächsten Prüfungen. „Ihr fiel ja alles schon immer so leicht“,
hörte sie ihre Mutter sagen.

Zwei Wochen später blieb sie im Bett.
Der Wecker klingelte. Die Prüfung begann.
Sie blieb im Bett. Und weinte.

Er ist ein Mann der Kontraste.
Tief geliebt. Bitterlich gehasst.
Und immer am Kämpfen.
Es gibt nie nur ihn und seinen Weg, es gibt seinen Weg immer nur in Konkurrenz.
Immer nur im Wettstreit, immer nur im Vergleich.
Mit seinem Bruder, der sein Zwilling ist.

In seiner Geschichte zählt, wer zuerst geboren wurde.
Denn der hat mehr Rechte.
In seiner Geschichte zählt der Segen eines Vaters.
Der überdauert, schenkt ein Versprechen.

Es ist die Geschichte von Jakob.
Der, der sich etwas erschlichen hat. Der eine Sprosse schneller war. Der nun höher steht.
Dabei war es doch eigentlich die Idee seiner Mutter. Vielleicht war es auch ihr großer Traum, Jakob irgendwann ganz oben zu sehen.

Anstelle von seinem Zwillingsbruder Esau hat Jakob sich den Erstgeborenen-Segen ihres Vaters erschwindelt.
Er hat sich vor seinem blinden Vater als Esau ausgegeben.
Er hat Felle auf seine Arme gespannt, um so behaart zu wirken wie Esau.

Er hat die Kleidung seines Bruders angezogen. Er hat zu seinem Vater gesagt: „Ich bin Esau."

Und so hat er erhalten, was nicht für ihn bestimmt war.
Einen Segen erschlichen, so als könnte man sich Gott erschleichen.

In Esau flackern Zorn, Wut und die offene Frage:
Welches Versprechen besteht für sein Leben, wenn nicht das seines Vaters?
Esaus Hass wächst, die Konkurrenz entzweit und er will Jakob töten.
Ein für alle Male
den Wettstreit beenden, mit Gewalt, mit Tod. Nur noch er sein – nur noch Esau, nicht Esau, der Zwillingsbruder von Jakob.

Jakob muss fliehen.

Er verabschiedet sich von seinen Eltern und zieht los in das Dunkle, in die Fremde, in das Orientierungslose.

Ein bisschen gehässig lacht er: „So soll es aussehen, von dir gesegnet zu sein, Gott? So allein und bedroht?"

Er rennt. Spürt das wenige Gepäck nach einigen Stunden auf seinen Schultern. Wandert durch Berge, die er nie gesehen hat.

Schaut zurück. Er kann seine Heimat nicht mehr sehen. Und fühlen kann er sie auch nicht. In seinem Herz fehlt ein Stück. Dieser Lebensabschnitt ist vorbei. Er ist über sein bisheriges Leben hinausgeklettert. Das war eine Sprosse zu viel.

Es wird dunkel. Er hört das Summen von den Tieren neben sich, die Nacht hat ihre eigenen Geräusche. Er hört aber vor allem seine eigenen Stimmen im Kopf: *Wo kannst du leben? Wo findest du ein neues Zuhause? Wer wirst du sein? Wirst du wieder zu einer Familie gehören?*

„Wo bist du jetzt Gott, hm?", murmelt er wütend.
Und so fragend schläft Jakob ein. Mit einem Stein als Kissen. Mit Schuld als Decke. Mit der Fremde als Bett. Weit weg von seiner Familie. Weit weg von dem, was mal sein könnte. Weit weg von dem, wer er sein will.

Er träumt.
Im Traum sieht er eine Leiter. Nicht so eine, die konkurriert. Nicht so eine, die das Leben zwischen ihm und Esau geprägt hat. Er sieht eine Leiter, die Nähe schafft. Sie reicht vom Himmel bis zur Erde. Engel steigen auf ihr hinauf und hinunter. Und Gott selbst ist da und flüstert in alle Zweifel von Jakob hinein.

Diese Fremde kann Heimat werden. Kann Zuhause werden.
Der Ort, an dem er sein darf.
Und vor allem entsteht Nähe.
Gott kommt zu ihm, er muss nicht zu ihm hoch.
Er kann auf seiner wackeligen Sprosse bleiben.

Und Gott ist da.

„Und siehe, ich bin bei dir und behüte dich überall, wohin du auch gehst. Ich bringe dich zurück in dieses Land. Ich werde dich nicht verlassen, bis ich vollbringe, was ich dir verheißen habe." (1. Mose 28,15, BB)

Jakob schläft.
Mit dem Stein als Kissen. Mit der Schuld als Decke. Mit der Fremde als Bett. Irgendwann schreckt er hoch:
„Gott ist an diesem Ort anwesend und ich wusste es nicht."

Hier ist Gott.
Dort, wo er nicht mehr weiterklettern kann. Nicht mehr höher.
Wo sein Puls hoch schlägt und seine Füße wackelig werden.
Das ist der Ort.
An dem Gott anwesend ist.
Und zeigt: Es braucht keine Leiter. Sondern Nähe.
Jakob muss keine Leiter hochklettern, um Himmel zu erleben.
Der Himmel kommt zu ihm.

SICH SELBST AUF DER SCHLICHE

1. Fühlst du den Druck, in irgendetwas besser, schneller, großartiger sein zu müssen? Worin?
2. Wie sieht der Boden aus, an dem Gott dir begegnen könnte?

AUFTAUCHEN

Lass die nächste Sprosse sein und halte an.
Hör auf zu klettern.
Hör auf, dich nach Höhe auszustrecken.
Halte an.

Du musst dich nicht größer machen, um gesehen zu sein.
Du musst nicht mehr erreichen, um zu zählen.
Du musst nicht andere überholen, damit Gott dich wichtig nimmt.

Er ist hier.
Anwesend.
Auf deinem Boden. Mit dem Stein als Kissen. Mit aller Schuld als Decke. Mit der Fremde als Bett.
Gott ist bei dir anwesend.
Auf deinem Boden.
Mit deinem Ringen und Scheitern. Mit deinen Fragen. Mit dem Unerreichten.
Gott ist bei dir anwesend.

Sei gesegnet damit,
dass du heute anhalten kannst.
Sei gesegnet damit,
dass du andere ermutigst, stehen zu bleiben.
Sei gesegnet damit,
Nähe zu erleben – dort, wo nichts geleistet werden muss.

Von Nähe

EINTAUCHEN

NACH 2. MOSE 3

„GOTT, BITTE SEI EIN PLAN", SO BETE ICH.

Mit Häkchen. Von A-Z. Mit konkreten Schritten. Es ist Frühling und ich sehne mich nach Plänen in Schwarz und Weiß.

Ich sehne mich danach, dass gesagt wird, wie ab heute Gletscher nicht mehr schmelzen. Wie ab heute Wasser nicht mehr flutet. Ich sehne mich danach, dass heute das große Mächtige das kleine Arme verhindert. Dass Pläne nicht Minderheiten zertrampeln, sondern schützen. Dass Möglichmacher möglich machen und dass Geld zu den Bedürftigen fließt und nicht in goldene Taschen. Ich sehne einen Plan herbei. Und Sicherheit.

„GOTT, BITTE SEI EINE KRAFT", BETE ICH.

Kriege wüten. So ganz nah. Und fern. Menschen fliehen und wir begrüßen die Flüchtlinge – und wir begrüßen sie auch nicht. Wir schaffen Plätze und wir lassen Menschen an Grenzen sterben. Wir retten und wir senden Schiffe – und wir tun nichts. Wir bieten Sprachkurse an und wir reden zu schnell. Wir verhandeln und wir senden Waffen. Wir fürchten Mächtige und gehen nicht wählen. Wir sehen sie twittern, hören sie drohen und wir schauen weg. Wir sehen Bomben und wir hören Schreie und wir kaufen Ohropax. Und dann gibt es Dunkelheit, die nicht besiegt ist. Ich sehne mich nach einer Kraft, die so erschreckend ist, dass Dunkles sich fürchtet und flieht. Ich sehne mich nach einer Kraft, die alles überstrahlt.

„GOTT, BITTE SEI ANTWORT", SO BETE ICH.

Es ist Frühling und es gibt Fragen. Viele Fragen. Sie kreisen. Es werden mehr. Sie rufen laut und niemand kann sie zum Schweigen bringen. Sie machen mich unruhig und wütend. Sie machen mich stumm. Es ist Frühling und es gibt zu viele Fragen. Vom Gestern in das Heute – zitternd vor dem Morgen.

„GOTT, BITTE SEI HEILUNG", SO BETE ICH.

Es ist Frühling. Knospen brechen. In meinem Leben bricht auch so viel. Die Beziehung, die bricht. Die Krankheit, die bricht. Das System, das bricht.

Lass uns noch einmal sprechen, lass uns noch einmal umarmen, lass uns noch einmal Nähe zeigen. Und doch bricht die Beziehung.

Lass es uns noch einmal probieren. Lass uns eine andere medizinische Versorgung finden. Lass uns nicht aufgeben, du bist doch da.

Aber die Krankheit wird größer und unaufhaltbar.

Lass uns noch einmal Geld investieren und neue Menschen einstellen und lass uns doch nicht an ein „vorbei" glauben.

Ich sehne mich nach Heilung.

UND DANN EIN DORNBUSCH.

1290 vor Christus. Da ist Mose.
Das Land seiner Eltern, das Volk seiner Brüder und seiner Schwester leidet, wird unterdrückt. Es muss einem anderen Volk dienen. Als Sklav:innen müssen sie arbeiten.
Und das Volk, bei dem er aufgewachsen ist; das Volk, das ihn als Baby aufgezogen hat, zu dem seine Stiefmutter sich zugehörig fühlt, das ist das Land, das herrscht, das regiert, das unterdrückt.
Mose steht dazwischen.
Wird zum Mörder und dann zum Gesuchten.
Er muss fliehen, um sein Leben zu schützen, lebt in der Wüste und lebt im Zwischenland. Und trotzdem nimmt er seine Familie im Herzen mit. Sie ist nicht weit weg, sondern ein Teil von ihm.

Da ist er nun – dazwischen. Und eben da begegnet Gott ihm, im Dazwischen.
Gott begegnet ihm nicht als ein auffallender Krieger, nicht als ein einflussreicher König. Stattdessen als Dornbusch, der flackert und brennt und trotzdem nicht zu Asche wird, sondern zu Leuchtkraft.

Gott begegnet ihm im Profanen, im Alltäglichen, in der Wüste – in die er geflohen ist.
Und Gott gibt ihm eine Mission: Mose soll sein Volk befreien. Aus dem Zwischenland heraus in die Spannung gehen und sie lösen. Aber sich ihr erst einmal stellen.

Mose fragt Gott, wer Gott ist.

Gott könnte sich „der Plan" nennen – der, der Schritte von A-Z auf den Tisch legt und deutlich macht, wie ein Volk zu retten ist.
Gott könnte sich „der Kampf" nennen und den Ägyptern mit einer großen Streitmacht zeigen, wer die Macht hat.
Gott könnte sich „die Heilung" nennen und alles Grausame in einem großen Wunder zur Sanftheit zwingen.
Gott könnte sich „die Antwort" nennen auf alle Fragen, die Ruhe verhindern.

Aber stattdessen nennt Gott sich: „Ich bin da für euch."

Ich bin da für dich in dem fehlenden Plan.
Ich bin da für dich in dem Wunsch nach überwundenem Kampf.
Ich bin da für dich in der Suche nach Heilung.
Ich bin da für dich in der Leerstelle einer aufgeworfenen Frage.
Ich bin da für dich.

Und ich gehe nicht weg.
Ich gehe bis in dein Zwischenland.
Und bleibe bei dir.

SICH SELBST AUF DER SCHLICHE

1. Wofür hättest du gern einen Plan?
2. Auf welche Frage suchst du eine Antwort?
3. Worin hoffst du auf Heilung?
4. Wenn Gott mit dir ist – was verändert das?

AUFTAUCHEN

Wenn Listen sich schreiben und Haken sich setzen
und wenn es trotzdem niemals abgeschlossen ist.
Wenn Füße eilen und Schritte hetzen
und trotzdem kein Plan sichtbar ist.
Wenn alles offen bleibt, außer Türen
und dafür aber umso mehr Fragen.
Wenn sich keine Heilung zeigt und
dich fehlende Perspektiven in die Wüste verschlagen.

Wenn du in dem Zwischenland stehst.
Dann bin ich mit dir.
Wenn du mich eigentlich als Plan wünschst.
Und eigentlich als Kraft.
Wenn du mich als Heilung suchst.
Und eigentlich als Antwort.
Dann bin ich, der ich bin.
Dann bin ich, der ich war.
Dann bin ich, der ich sein werde.
Und in allem für dich da.

Worüber
man
schweigt
„Wovon man nicht sprechen kann,
darüber muss man schweigen.“ –
LUDWIG WITTGENSTEIN

EINTAUCHEN

NACH LUKAS 1

„Ich hab doch aufgegeben, es zu träumen.
Ich hab aufgehört, es zu hoffen.
Ich bin realistisch geworden und das war für mich okay.
Warum braucht es denn die großen Pläne?“
So ähnlich denkt vielleicht Zacharias.

Zacharias, bei dem heute Worte nicht reichen.

Zacharias ist Teil der Weihnachtsgeschichte, aber im Prolog.
Er ist ein Verwandter von Maria, Jesu Mutter.
Er ist Ehemann von Elisabeth.
Er ist Priester und gehört damit zur besonderen Gesellschaftsschicht im Volk Israel.
Er ist Vater von dem Mann, der Jesus eines Tages tauft: Johannes.

Aber erst einmal gehört er zu den Sprachlosen.
Erst einmal erschreckt er sich.
Erst einmal wird er, der doch schon alt und grau ist, der sein Leben doch irgendwie schon gelebt hat, der mit so vielem abgeschlossen hat; er wird überrascht.

Einige Jahre zuvor.

Zacharis und seine Frau Elisabeth kommen aus Priesterfamilien. Gute Familien. Zacharias Name bedeutet übersetzt

„Gott erinnert sich an mich“ und Elisabeth „mein Gott ist Fülle“.
Beides Namen, die in diesen Jahren keinen Wert tragen.

Denn Elisabeths Leben ist nicht voller Fülle. Anstelle eines Kindes trägt sie in sich einen unerfüllten Wunsch, einen geplatzten Traum, eine unerreichte Lebensvorstellung und fehlenden Platz in der Gesellschaft. Und das Schlimmste daran: Vermutlich hat sie das sogar akzeptiert, sich damit arrangiert und ihr Leben dahinschleichen lassen.

Und dann ist da Zacharias. „Gott erinnert sich an mich“. Erinnerung klingt nach alt. So fühlt er sich. In die Jahre gekommen. Beten gehört zu seinem Job im Tempel. Er tut es. Zuverlässig. Jedes Jahr aufs Neue. Aber auch die Beziehung zu Gott ist alt geworden und in die Jahre gekommen.

Und so vergehen die Jahre. Die mit den alten Erinnerungen und die mit der mangelnden Fülle.

Bis zu diesem Moment.
Zacharias steht im Tempel, um seinen Dienst zu tun. Seine Augen sind müde. Sein Bart ist grau und lang. Draußen vor dem Tempel steht die Volksmenge und betet. Er ist im Tempel, um das Rauchopfer zu bringen. Alles wie immer. Seit Jahren. Kein schlechtes Leben. Kein besonders Spektakuläres – alles eben wie immer.

Aber da – rechts neben dem Rauchopferaltar steht jemand. Zacharias erschreckt sich – bekommt Angst. Da steht kein normaler Mensch. Da ist ein Engel.
„Hab keine Angst.“, sagt der Engel.

„Hab keine Angst. Denn dein Gebet ist erhört worden. Deine Frau Elisabeth wird schwanger werden und einen Sohn bekommen und du sollst ihn Johannes nennen."

Dieser Teil der Geschichte wirkt nach Weihnachtsgeschichte: eine überraschende Schwangerschaft.
Ein bedeutungsvolles Kind. Aber dieses Mal ist die Frau nicht besonders jung, so wie bei Maria. Dieses Mal ist sie besonders alt – biologisch unmöglich.

Wieder greift Gott hier in die Geschichte der Menschen auf eine Weise ein, die Zeit braucht. Neun Monate schwanger. Dann Baby. Dann Kind. Es sind die langen Geschichten, die Gott schreibt.

Auch dieser Sohn von Zacharias soll eine bedeutungsvolle Aufgabe erhalten. Er wird „groß sein in den Augen des Herrn", er wird von Gott reden und viele Menschen werden ganz neu ihr Leben dem Guten zuwenden.

Und Zacharias erschreckt sich.
Hat er dieses Gebet überhaupt noch gesprochen – Vater zu werden? Hat er das nicht längst aufgegeben?
Und dann auch noch Vater von einem Sohn mit einer so großen Aufgabe? Auch das, aber warum er?
Er ist doch in die Jahre gekommen. Er hat sich mit dem Gewöhnlichen doch abgegeben.

„Woher soll ich wissen, dass das alles wirklich passieren wird? Ich bin doch alt und Elisabeth auch.", fragt Zacharias. Er ist mutig, einem Engel eine Rückfrage zu stellen.

„Ich bin Gabriel, ich stehe vor Gott und bin von ihm gesandt, um mit dir zu reden und dir diese Nachricht zu bringen. Du wirst stumm sein und nicht mehr sprechen können bis zu dem Tag, an dem diese Dinge eintreffen werden, denn du hast meinen Worten nicht geglaubt. Sie werden aber in Erfüllung gehen, wenn die Zeit dafür gekommen ist."

Und dann bleibt Zacharias stumm.
Neun Monate.
Häufig als Strafe vom Engel Gabriel gedeutet.
Vielleicht auch ein Schutz.
Der Schutz vor dem Überreden – über Ausformulieren – Zweifel, Sorgen und Fragen so breit und groß treten, dass sie zu viel Macht tragen.

Stattdessen Stille.
Stattdessen Abwarten.

Und Zacharias Name bekommt plötzlich Wahrheit: Gott hat sich an mich erinnert.
Und Elisabeths Name erhält plötzlich Wahrheit: Mein Gott ist Fülle.

Und Gott zeigt:
Er schreibt die langen Geschichten.
Er vergisst die Gebete nicht.
Und manchmal, da verliert sich Sprache,
fehlen Worte,
bleibt nur Schweigen.
Und Gott schreibt in das Schweigen hinein eine Geschichte.

SICH SELBST AUF DER SCHLICHE

1. Was hast du aufgegeben, zu träumen und zu hoffen?
2. Womit bist du ungeduldig?
3. Gibt es etwas, worüber du nicht sprechen kannst?

AUFTAUCHEN

Segen mit dir.
Für die lange Geschichte – für jede ungeduldige Seite – für jeden Doppelpunkt, der sich viel zu lange schreibt.
Segen mit dir, auf dass du Ruhe findest in dem Warten
und Hoffnung groß wird in dem Träumen.
Segen mit dir für jedes unerfüllte Gebet.
Für die Schwere im Herzen und die Mutlosigkeit in dem Blick.
Segen mit dir.
Für dann, wenn Worte fehlen.
Und Worte dem Erleben nicht gerecht werden können.
Segen mit dir.
Auf dass du spürst:
Im Schweigen bin ich gehört.
Im Machtlosen bin ich gesehen.

Über Zugehörigkeit

EINTAUCHEN

NACH JOHANNES 20,24

Nicht so richtig dazugehören.
Irgendwie ein Teil davon. Ich bin ja auch eingeladen. Vielleicht auch nur, weil ich zufällig in derselben Gruppe bin, in der die Einladungsnachricht kam.
Vermutlich fühle ich das auch mehr, als dass es wirklich so ist.
Nicht so richtig dazugehören. Weil ich so viele Unterschiede wahrnehme und weil ich nicht mitreden kann und weil ich vermisse und vielleicht weiß ich noch nicht einmal genau, was.
Ich bin auf dieser Party, habe ein Glas in der Hand mit einem Getränk, das ich nicht trinken will, höre Musik, zu der ich nicht tanze, und lächle, weil ich nichts zu sagen habe.

Nicht so richtig dazugehören.
Irgendwie ein Teil davon. Natürlich gehöre ich dazu.
Ich bin demselben Berufsweg gefolgt, lese das Wetter wie sie, habe Aussichten auf die Zukunft wie sie …
Aber fühle das:
Nicht so richtig dazugehören.
Weil sie losstürmen, um das Baby kennenzulernen. Weil sie es kaum erwarten können. Weil es für sie Hoffnung bedeutet, ich aber noch Fragen habe. Weil mir die Engel ein besonderes Gefühl gegeben haben, das ich noch nicht einordnen kann.
Ich bin Hirtin, war wie jeden Tag mit den Schafen auf dem Feld und dann plötzlich inmitten von Engeln, die von einem Retter erzählt haben, der jetzt in diesem Moment geboren ist.
Jetzt bin ich allein und die anderen Hirtinnen und Hirten sind zum Stall gelaufen. Weil ich nicht wollte.

Weil ich Zeit brauche. Weil ich mir nicht vorstellen kann, wie ein Baby so besonders sein kann.

Nicht so richtig dazugehören.
Ich hab' kein Baby. Ich hab' kein Haus. Und eigentlich finde ich das meistens ganz okay.
Ich mag mein Leben, mag meinen Job, mag meine Freiheit.
Aber wenn ich mich mit meinen Freundinnen treffe und wenn sie dann reden und wenn ich ihre Babys halte, ihre Häuser sehe, sie von ihrer schlaflosen Nacht erzählen, dann gehöre ich nicht dazu.
Dann freue ich mich mit. Aus tiefstem Herzen. Höre zu, aus ernst gemeintem Interesse. Dann bedeutet mir diese Freundschaft so viel. Aber dann gehöre ich nicht dazu. Und ich weiß nicht, was das mit mir macht.

Nicht so richtig dazugehören.
Weil sie so euphorisch sind. Und weil meine Tränen eben noch gar nicht getrocknet sind.
Weil ich nicht einfach umschalten kann von Verzweiflung und Trauer zu Freude und Begeisterung. Weil ich Zeit brauche.
Und weil ich das auch nicht glauben kann. Sie erzählen mir das, als sei es doch klar. Aber für mich ist es das eben nicht.
Ich bin Thomas, ich bin einer der Zwölf, mit denen Jesus reiste.
Vor acht Tagen habe ich am Kreuz die schlimmsten Stunden meines Lebens erlebt, habe meinen Freund sterben sehen, habe Freiheit angenagelt gesehen, habe gespürt, wie Hoffnung sich verwandelt. Jetzt sind wir hier wieder zusammen. Jemand erzählt, dass Jesus wieder lebt.
Ich gehöre nicht dazu, weil ich das nicht glaube.

Nicht so richtig dazugehören.

Weil sie schwanger ist. Man sieht es schon. Sie sieht hübsch aus. Ich finde sie vielleicht sogar schöner als je zuvor. Ich halte ihre Hand, ich kann mir das gut vorstellen mit uns. Ich habe mich dafür entschieden, ich habe Frieden für unsere gemeinsame Zukunft.

Aber ich gehöre nicht mehr dazu. Nicht zu den anderen Verlobten. Nicht zu den Singles. Nicht zu den Vätern. Mein Kind ist das Kind vom Heiligen Geist.

Ich gehöre nicht mehr dazu.

Es klopft an der Tür.

Ich öffne sie, weil ich den kürzesten Weg habe. Ich schlucke den Kloß herunter.

Den Kloß mit all den Tränen, die ich gerade nicht zeige, weil die anderen um mich herum an Auferstehung glauben.

Ich öffne die Tür und da steht er. Jesus. Oder zumindest sieht er so aus.

Ich kneife die Augen zusammen. Das macht Trauer also mit einem. Man halluziniert.

Bildet sich Menschen ein, die nicht da sind.

„Hallo, Thomas.", sagt er. Ich nicke. Lasse ihn herein. Hoffentlich bemerkt er nicht, dass ich nicht weiß, wer er ist.

„Thomas, ich bin es.", als würde er Gedanken lesen.

„Jesus!", rufen die anderen. Fallen ihm in die Arme.

Er dreht sich zu mir um. Schaut mitfühlend. Vielleicht ist er der Einzige hier, der mich nicht zur Euphorie zwingt. Der Einzige, der mich nicht zwingt, an ihn zu glauben.

„Leg deine Finger in meine Hände, in meine Wunde.", sagt er. In seine Hände – da wo Nägel ihn am Kreuz hielten. Wo jetzt Narben sein müssten. Narben wie so kleine Beweise.
Die anderen nicken mir aufmunternd zu. So, als müsste ich es endlich machen. Damit ich endlich mit der Trauer aufhöre und damit ich endlich dazugehöre.
Aber Jesus macht keinen Druck. Bietet es an. Ich habe eine Wahl.
Dann hebe ich meine Hand. Vielleicht, weil Trauer mich zu müde macht, um bockig zu sein.
Spüre seine Wunde. Spüre seine Verletzungen. Spüre Tod und sehe Auferstehung.
Und selbst wenn ich das nicht einordnen kann, schauen mich hier offene Augen an.
Und ich darf ich sein – Thomas, der Zweifler. Und ich gehöre dazu.

Sie kommen wieder. Die anderen Hirten. Strahlen. Erzählen. Ich kann nicht mitreden. „Die Schafe waren ruhig.", sage ich laut.
Ein bisschen, um mich wichtig zu machen.
Ein bisschen, um auch etwas sagen zu können.
Ein bisschen, weil ich neidisch bin.
„Und, ach, Jesus ist so …" – beginnt der eine. „ein Baby!", ergänze ich.
Und weiß, dass ich genervt wirke. Ist schon okay.
Ich versuche zu schlafen. Vielleicht, um nicht zuzuhören.
Im Traum sehe ich noch einmal die Engel vor mir.
Wie sie uns angeschaut haben. Wie sie „Frieden" gerufen haben. Frieden.

Einer der Hirten legt eine Decke auf mich. Das spüre ich im Schlaf. Eine Geste der Verbundenheit. Ich kuschele mich darin ein. Frieden bedeutet – Ich darf jetzt so sein. Als Hirtin, die nicht im Stall war und auf die Schafe auspasste, weil sie keinen Bock hatte.

Jesus ist da.
Liegt da in der Krippe. Maria strahlt. Ich kann nicht sprechen.
Was sagt man, wenn Gott auf die Erde kommt?
Nichts.
Am Himmel strahlt ein großer Stern.
Lauter Hirtinnen und Hirten waren da. Haben von Engeln erzählt.
Dann kamen Sterndeuter. Die hatten eine ewige Reise hinter sich.
Sie liegen hier in der Ecke, um kurz zu schlafen. Sie müssen erschöpft sein.
Das hier ist nicht normal. Das weiß ich. Das ist nicht gewöhnlich.
Und nein – mit dieser Geschichte gehöre ich nicht mehr dazu.
Aber wenn ich mich so umschaue: Maria neben mir, Jesus in der Krippe, die Sterndeuter in der Ecke, das Schnarchen von ihnen, das Atmen von Jesus, das Seufzen von Maria, der Schafgeruch der Hirten.
Das hier ist eine ganz andere Form von Verbundenheit. Ich gehöre in die große Geschichte, die hier geschrieben wird.

SICH SELBST AUF DER SCHLICHE

1. Findest du dich in einer der Personen wieder?
2. Wobei oder in welchen Momenten/bei welchen Gruppen fühlst du dich fremd? Fühlst du dich nicht zugehörig?
3. Angenommen ein Schatz liegt in deiner Art, fremd zu sein: Welcher könnte das sein?

AUFTAUCHEN

Hier wird mit dir eine Geschichte geschrieben.
Auf eine ganz eigene Weise.
Es hat keinen Zweck, deine mit der von anderen zu vergleichen.
Es liegt kein Schatz darin, andere Geschichten zu kopieren.
Es wird dich nicht befreien, eine ähnliche Rolle wie die der anderen einzunehmen.
Hier wird mit dir eine Geschichte geschrieben.
Auf eine ganz eigene Weise.
Mit dir und deinem Blick auf das Leben, deinem Schmunzeln, deiner Art, müde zu werden, deiner Fantasie und deinem Ehrgeiz, deiner Tatkraft und deinen Gefühlen.
Hier wird mit dir eine Geschichte geschrieben.

Und du darfst dich mit der großen Geschichte Gottes mit dieser Welt verbinden, darfst dich in sein Schreiben einklinken, deinen Platz einnehmen.

Nähe riskieren

EINTAUCHEN

NACH LUKAS 19,11

Ich komme zu dir.
Du musst keinen Weg zu mir zurücklegen.
Ich frage dich nicht.
Ich mute mich dir ganz zu.
Weil ich spüre:
Du würdest ablehnen.
Und gleichzeitig Nähe wünschen,
aber dich nicht trauen.

Deswegen komme ich zu dir.
Deswegen mute ich mich dir zu.
Deswegen schaue ich dich an.

Und du blickst weg.
Willst dich zurückhalten.
Empfindest Nähe als ein Verbiegen.

Aber wir wissen beide, wie krumm das alles schon lange ist.

Ich komme zu dir.
Ich lade mich ein.
Und ich zeige dir, dass du mehr bist.
Ich gebe dir hier vielleicht die Möglichkeit für ein neues
Gesicht.
Hier in unserem vertrauten Raum.
Deswegen, Zachäus, komm runter von deinem Baum.

Du willst irgendwie Teil sein und doch hast du dich
abgeschottet.
Und vielleicht auch zu Recht.
Weil das, was du von und in deinem Leben zeigst –
all der Prunk, der Reichtum, der Geiz –
das passt nicht zu einer Gemeinschaft, das passt nicht
zu einem Wir.
Das weißt du auch.
Und trotzdem hast du bisher geglaubt,
dass du das, um dich selbst zu bejahen, brauchst.
Du glaubst, du müsstest reicher sein,
und bürdest Menschen mehr Steuern auf.
Du glaubst, du müsstest besser sein,
und lädst niemanden in dein großes Haus an deine lange Tafel
an dein reiches Bufett ein.
Wer ist gut genug, ein Freund oder eine Freundin
für dich zu sein?
Du bist einsam.
Aber zu stolz, um das zu sagen.
Deswegen komm ich zu dir.
Zachäus, ich nehme jetzt an deiner Tafel Platz.
Sehe die vielen leeren Stühle.
Sehe das leere Herz.
Ich bemerke, wie du still wirst.
Und ich halte die Stille mit dir aus.

Ich nicke dir zu.
Wir können das ändern.
Du hast hohe Mauern gebaut, aber die können wir einreißen.
Du hast ein Bild präsentiert, aber du kannst ein anderer
werden.

„Die Hälfte von all dem, was ich habe, gebe ich ab.",
sagst du dann.
„Und ich gebe es jeder Person, von der ich zu viel gefordert habe, vierfach zurück."
Ich schaue dich stumm an.
Du weißt, dass ich nicht deswegen zu dir kam.
Ich kam nicht wegen Geld.
Ich kam wegen Liebe.
Das, was du nicht zulassen kannst.

Du liebst dich nicht selbst.
Kannst deswegen andere nicht lieben.
Und von mir?
Da fühlst du dich vermutlich verurteilt.
Vielleicht denkst du, ich werte dich ab.
Heute nehme ich bei dir Platz.
Du schenkst mir Wein ein.
Reichst mir Brot
und ich mache dir ein Angebot:

Dich mit dir selbst zu versöhnen.
Und mit anderen.
Und vielleicht, während wir hier sitzen, auch mit mir.

Rosa geht immer als Erste. Dann kann sie niemand fragen. Dann ist sie schneller zu Hause. Dann macht sie die Eispackung auf und holt den großen Löffel.
Lässt die Schüssel weg. Macht den Fernseher an. Flüchtet in eine andere Welt.
Bei ihr ist es nicht Geld.

Sie ist geizig mit ihren Gefühlen, mit ihren Gedanken, mit ihrem Herzen.
Niemand bekommt von ihr mit.
Und während niemand von ihr weiß,
weiß sie auch irgendwann nichts mehr von sich selbst.
Kennt sich selbst nicht mehr. Inmitten von der Minze-Schoko-Eispackung und der neuen Serie hat sie Liebe für sich selbst verloren. Und nach und nach für die anderen.

Ich komm einfach zu dir.
Ich mute mich dir zu.
Weil ich weiß:
Wenn ich dich frage, dann sagst du „nein".
Du willst dich nicht zeigen.
Aber weißt du:
Hier bei mir, Rosa, da musst du wirklich niemandem etwas beweisen.

Kalle spürt das.
Er spürt, dass das nicht mehr so stimmt.
Die Stimmung ist hart geworden. Es werden nur die nötigsten Worte gewechselt.
Wenn er den Raum betritt, dann schweigt man. Schaut weg. Versucht, alles richtig zu machen.
Irgendwie gefiel ihm das auch. Diese Macht. Eine Autorität zu sein. Endlich hat er Respekt.
Aber wenn er am Ende des Tages seine Krawatte löst, wenn er die schwere Tasche in den Flur stellt, wenn er per Zoom seine Familie anruft, wenn er von ihrem Tag hört; dann spürt er, dass das nicht mehr stimmt.

Am nächsten Morgen die E-Mail von einem seiner Mitarbeitenden: Sein Kind ist im Krankenhaus. Kalle zögert, als alle in seinem Team Geld für ihn sammeln. Wenigstens ein Geschenk. Er geht wortlos an der Spendenkasse vorbei. Kalles Zachäus-Baum wird sein Handy.
Er starrt minutenlang darauf. Traut sich nicht. Will sich nicht beteiligen, aber will doch auch nicht nichts tun. Es ist nur ein Anfang, als er tippt: „Du erhältst Sonderurlaub."

Ich nicke dir zu.
Wir können das ändern.
Du hast hohe Mauern gebaut, aber wir können die einreißen.
Du hast ein Bild präsentiert, aber du kannst ein anderer werden.
Du liebst dich nicht selbst.
Kannst deswegen nicht andere lieben.
Heute nehme ich bei dir Platz.
Du schenkst mir deine Unruhe.
Ich schenke dir ein Angebot:
Dich mit dir selbst zu versöhnen.
Und mit anderen.
Und vielleicht, während wir hier sitzen,
vielleicht auch mit mir.

DIR SELBST AUF DER SCHLICHE

1. Wie geht es dir mit dir? Kannst du dich lieben?
2. Wie geht es dir mit anderen? Wie geht es dir damit, wenn Menschen dir Zuneigung zeigen? Kannst du sie annehmen?
3. Welches Gottesbild hast du? Kannst du es annehmen, dass Gott es gut mit dir meint?

AUFTAUCHEN

Ich wünsche dir, dass in dir etwas wachsen darf.
Liebe zu dir selbst.
Liebe zu anderen.
Liebe zu Gott.

Ich wünsche dir, dass du dich traust, dir selbst ins Gesicht zu sehen und dich zu versöhnen.
Mit dir. Mit deiner Geschichte.

Ich wünsche dich mutig, es mit dir selbst auszuhalten.
Ich wünsche dich gnädig, um in den Marotten Anderer Liebenswürdigkeit zu finden.
Ich wünsche dich großzügig, um deinem Umfeld an deinem Reichtum Anteil zu geben.

Und wenn du auf den Baum geklettert bist, wünsche ich dir,
dass du nicht die Leiter auf den Boden verlierst.
Ich wünsche dir, dass du Nähe riskierst
und beschenkt wirst.

Mit allem Dreck

EINTAUCHEN

NACH JOHANNES 13,1-6

Wir sind auf dem Weg zum Abendessen. Ich habe Hunger. Aber vor allem will ich einfach mal sitzen. Wir waren viel unterwegs und damit meine ich, dass ich so viel unterwegs war wie noch nie in meinem Leben. So viele neue Orte, Menschen, Geschichten.

Ich spüre etwas Stechendes an meinem Rücken. Hinter mir grinst Thomas. „Thomas, hör auf damit! Ich finde das nicht witzig, wenn du mich mit Kieselsteinen abwirfst." Er lacht. Ich mag ihn nicht. Er mag mich nicht. Wenn wir könnten, würden wir einander aus dem Weg gehen. Können wir aber nicht, weil wir beide dazugehören.

Ich hätte unsere Gruppe anders zusammengestellt. Ich hätte mich für andere Menschen entschieden. Ich hätte vielleicht auch ein ordentliches Bewerbungsgespräch geführt. Hätte nur die mitgenommen, die keine lästigen Fragen stellen; nur die, die schnell Neues lernen – auf Menschen zugehen können, empathisch sind, freundlich, zugewandt, höflich, klug, ich hätte …

Wir sind angekommen. Endlich etwas essen. Endlich ein ruhiger Ort. Ich schaue auf meine schmutzigen Füße und meine schmutzigen Kleider, in denen die Spuren einer langen Reise haften. Ich setze mich mit meinem Dreck an den Tisch, will nach dem Brot greifen.

Unser Meister holt eine Schüssel mit Wasser. Er legt sein Obergewand ab. Bindet sich ein Leinentuch um.
Aber was passiert denn hier? Unser Rabbi kniet sich hin, kniet sich vor Johannes und zieht seine Schuhe aus. Johannes wirft uns einen verunsicherten Blick zu. Dem ist das wohl unangenehm. Hoffentlich ist ihm das unangenehm, denn das gehört sich doch nicht. Unser Rabbi, unser Meister wäscht ihm die Füße? Warum? Das geht doch nicht. Damit gibt er seine soziale Stellung auf. Macht sich zu unserem Diener. Die Füße zu waschen symbolisiert: ich diene dir, ich will dir Gutes, ich respektiere dich. Ich komme deinen Füßen nahe und all dem Dreck, den du betreten hast.

Klar, dass Johannes diese Ehre verliehen wird und ihm die Füße gewaschen werden. Der Streber, der Liebling. Ihn würde ich auch in unsere Gruppe aufnehmen. Vor ihm kann man knien. Ihn kann man bewundern. Aber dienen?

Johannes' Füße sind getrocknet. Jetzt kniet sich unser Rabbi vor Thomas, schöpft neues Wasser. Warum denn Thomas? Wenn er wüsste, mit wie vielen Kieselsteinen ich auf dem Weg abgeworfen wurde. Aber was ihn noch unangenehmer macht: Thomas stellt nur Fragen. Thomas sieht alles kritisch. Er hinterfragt alles, zweifelt an allem. Er hält uns doch nur zurück mit seiner ewigen Kritik. Er weiß doch selbst gar nicht, wohin er in seinem Leben eigentlich läuft und die Leitung will sich doch nicht wirklich vor so viel Unklarheit knien. Will er wirklich Thomas dienen? Ich schaue weg. Das passt nicht in mein Bild. Das passt in keine Ordnung.

Oh, ich bin dran.
Jetzt schaue ich ihm in die Augen. Er schaut mich an.
„Darf ich dir die Füße waschen?"
Ich schlucke. Und in Gedanken gehe ich all die Orte durch, an denen ich in letzter Zeit auf sandigem Boden gelaufen bin. All den Dreck, den meine Füße berührt haben. All den Schmutz.
Ich erinnere mich auch daran, warum ich gelaufen bin.
Und ich erinnere mich, dass ich selbst manchmal eigentlich auch gar nicht so richtig weiß, wohin ich laufe.
Und manchmal laufe ich viel zu schnell. Manchmal laufen meine Füße wie die Flut und meine Gefühle eben auch.
Und die Wahrheit ist, dass ich mich doch so häufig überschlage. Meine Füße stolpern. Und dann wieder gibt es die Momente, in denen ich mich nur von Pause zu Pause schleppe. Wie die Ebbe.
Die Realität zeigt doch: Niemand will sich vor meine Wege knien, niemand will mir dienen, niemand gibt für mich seine Position auf.
Und ich selbst? Ich würde es auch nicht für mich tun. Ich warte doch nur darauf, dass eine nächste Welle mich aufspült. Ich selbst –
„Darf ich deine Füße waschen?"
Ich schlucke. Schaue in seine ehrlichen Augen. Spüre die Blicke der anderen. Sehe sein leinenes Tuch, das abgelegte Obergewand. Mein Rabbi, der Diener.
„Ähm, ich würde sie vorher wenigstens kurz einmal abstauben.", murmele ich. „Die sind ziemlich dreckig. Vielleicht reichen ja auch meine Hände."
Jesus schaut mich an.
Schweigt.

Aber es wirkt, als würde er in dem Moment mein Herz lesen – die Fluten kennen.

„Also, wer auch immer sich diese Sache mit dem Sand ausgedacht hat – das war eine ziemlich blöde Idee.“, sage ich nervös beim Blick auf meine sandigen Füße. Will witzig sein. Ablenken. Dann fällt mir auf, dass ich gerade Gott höchstpersönlich für den Sand, den er erschaffen hat, kritisiere.

„Darf ich dir deine Füße waschen?“, fragt er noch einmal.

Ich nicke. Mache keine Witze mehr.
Sehe zu, wie all der Schmutz und Dreck meiner Füße auf seine Hände wandert, wie sich das Wasser dunkel färbt, wie meine inneren Fluten sich in diesem Wasser mischen.
Und dann spüre ich etwas Feuchtes auf meinem eigenen Gesicht: eine Träne, die sich aus dem Auge löst.
Mit all dem werden mir die Füße gewaschen.

„Ihr nennt mich Meister und Herr, und das mit Recht, denn ich bin es. Wenn nun ich, der Herr und der Meister, euch die Füße gewaschen habe, sollt auch ihr einander die Füße waschen. Ich habe euch ein Beispiel gegeben, damit auch ihr so handelt, wie ich an euch gehandelt habe.“ *(Johannes 13,13-15, NGÜ)*

Meine abgetrockneten Füße berühren den Boden.
Ich schaue in die Runde.
Zu Thomas.
Ein kurzer Augenkontakt. Er nickt.
Wir werden das versuchen. Einander zu dienen.
Mit all unserem Dreck.

Und da sitzt sie mit ihren dreckigen Füßen.
Sie war hässlich zu anderen heute.
Ungerecht. Gemein.
Was sich in ihr angestaut hatte, strömte aus ihr wie eine geöffnete Schleuse hin
zu Menschen, die für keinen Tropfen des Wut-Fluss verantwortlich waren.
Sie wollte es gern stoppen, aber floss mit dem Strom mit.
„Darf ich dir deine Füße waschen?"

Und da steht er.
Muss sich strecken, um mitzuhalten.
Belügt sich selbst um seine Kraft.
Kann nur enttäuschen – wird dem schon lange nicht mehr gerecht.
„Darf ich dir deine Füße waschen?"

Tief eingegrabene Spuren, aber sobald das Wasser kommt, sind sie weggeschwemmt.
Sie selbst fühlt sich auch, als würde sie verblassen
in ihrem Leben – weggleiten.
Darf ich vor dir knien, um deine Füße zu waschen?

Dein Leben steht kopf.
Lass mich vor dir knien,
dir wieder Boden geben.
Lass mich deine Füße waschen,
dein Dreck ist mir nicht zu schwarz
und du bist mein Wasser wert.

SICH SELBST AUF DER SCHLICHE

1. Was würdest du dir gerne erst abstauben, bevor deine Füße gewaschen werden?
2. Was bedeutet es für dich, dass Jesus dir dienen möchte- und du anderen dienen darfst?
3. Bei welchen Menschen willst du „Halt“ schreien bei der Vorstellung, dass Jesus sich vor ihnen hinkniet. Gibt es Menschen, bei denen du nicht annehmen kannst, dass sie ebenso zu Gott gehören? Bei welchen?

AUFTAUCHEN

Du trägst ein ganzes Meer.
Ein Meer an Gedanken, Gefühlen, Bedürfnissen, Erfahrungen.
Keinen Tag in deinem Leben soll es geben, an dem du mit deinem Meer nicht gesehen bist.
Keinen Tag in deinem Leben soll es geben, an dem du spürst, du bist mit deinen Fluten allein.

Im Leben begegnen dir viele Menschen.
Die, bei denen du dich wohlfühlst.
Die, die dich herausfordern.
Die, die so anders sind.
Keinen Tag soll es in deinem Leben geben, an dem du dich über andere Menschen erhebst.

Keinen Tag soll es in deinem Leben geben, an dem Menschen dich klein machen.

Damit du lernen kannst, zu dienen.
Und begreifst, dass dir gedient wird.
Dass dein Dreck nicht zu groß ist.
Und deine Wege nicht zu krumm.
Dass Jesus dich wahrnimmt.
Und du seinem Beispiel folgen darfst.

Auf dass das Wunder nicht ausbleibt und deinen Füßen Gnade begegnet.

Vom Umdrehen

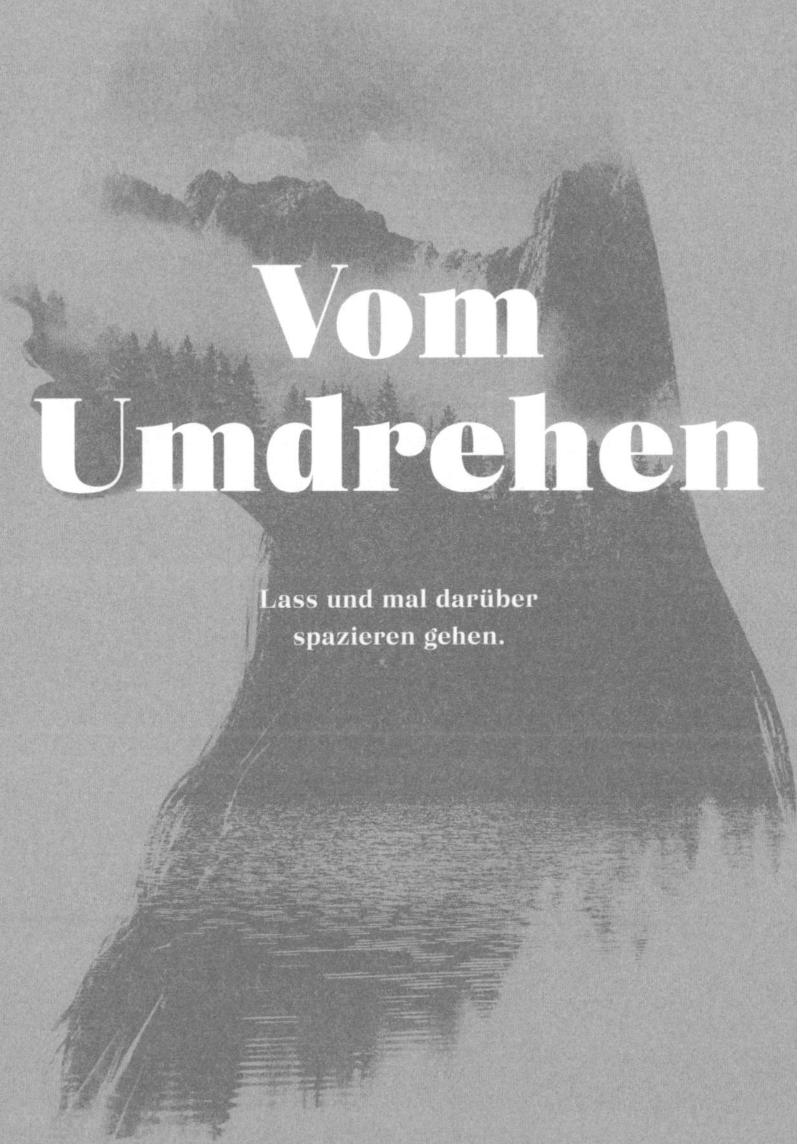

Lass und mal darüber spazieren gehen.

EINTAUCHEN

NACH LUKAS 24,13-26

Lass uns darüber mal spazieren gehen. Vielleicht hilft dir das. Wenn wir laufen und wenn wir reden und wenn du alles, was in dir zu Dunkelheit zusammenfließt, loswerden kannst.

Lass uns mal darüber spazieren gehen. Lass uns sehen, was auf dem Weg geschieht.

Es ist so leicht, sich abhängig zu machen. Wenn da ein Mensch ist, den du nicht nur magst, sondern bei dem du auch magst, wer du selbst sein darfst in seiner Gegenwart. Es ist so leicht sich abhängig zu machen, wenn diese Begegnung mit dem Menschen so viel Erwartung bringt und wenn es die Perspektive verändert und wenn da so viel Vertrauen liegt und das Leben dadurch neue Pläne schmiedet. Es ist so leicht, sich abhängig zu machen. Es ist so schwer, wenn man diesen Menschen verliert.

Die Welt hatte sich in den letzten Tagen für sie verändert.

Da war die Hoffnung auf den Meister, von dem sie gesehen wurden, von dem sie lernen durften.
Da war die Hoffnung auf den König, denn das konnte er doch werden, oder? Ein König, der Israel von den Römern befreit, der es unabhängig macht und selbstständig.
Da war die Hoffnung auf den Freund – ach, es war so einmalig, aufregend, spannend und lehrreich gewesen, mit ihm durch das Land zu reisen. Ein neuer Lebensstil. Ihm zuzuhören. Neue Orte entdecken. Ein anderer Mensch sein dürfen.

Da war so viel gewesen. So viel, was nun fehlte, seitdem Jesus tot war.
Sie hatten so viel in ihm gesehen und nun war alles fort. Und damit auch ihre Hoffnung.

Die Sonne brennt. Sie sind schon eine Weile unterwegs. Sie haben beschlossen aufzubrechen. Ja, sie hätten bleiben können. Bei den anderen Jüngerinnen und Jüngern. Vielleicht hätte Gemeinschaft gutgetan. Aber sie gehen zurück. Zurück in ihr altes Leben. Zurück in diese Zeit vor der Hoffnung.

„Meine Füße tun weh.“, murmelt die eine. Der andere nickt. Spürt er doch auch.
„Sie haben ihn einfach gekreuzigt. Pilatus hat ihn kreuzigen lassen.“, murmelt der andere. Spricht es noch einmal aus, so als würde es das realer machen.
„Wir hätten noch bleiben können.“
„Ich sehe nicht gerne auf ein Grab.“
Beide nicken. Lassen die Sonne auf ihren Körper brennen. Spüren ihre Füße. Fühlen Verlust.

„Wirst du wieder anfangen, als Töpfer zu arbeiten?“
„Warum nicht?“
Beide nicken wieder.

Jetzt, wo der Mensch fehlt, fällt das Leben zurück. Fällt man selbst zurück.
Tut nur das Nötigste. Und lässt das Wichtigste.
Läuft, aber in keine Richtung. Schaut, aber sieht keine Perspektive.

Denn jetzt wo der Mensch fehlt, sind alle gemeinsamen Erinnerungen eine Geschichte, die ein Fremder von außen erzählt.

Lass uns darüber mal spazieren gehen.

Es kommt eine dritte Person dazu mit derselben Route. Sie laufen gemeinsam.
Sie kennen sich nicht, aber der Fremde liest ihre Gesichter. Erkennt die Trauer.
„Darf ich fragen, was euch bewegt?“
Es fühlt sich gut an, alles im Kopf Schwebende, auszuatmen. Die Schwere in Worte zu kleiden. Deswegen erzählen sie. Lassen keine Details aus. „Wir hatten doch gehofft“, murmelt sie und eine Träne läuft über die Wange. „Wir konnten plötzlich sein …“, haucht der andere.

„Und dann auch noch das mit seinem Grab.“, ergänzt er.
„Ja, es waren heute – drei Tage nach seinem Tod – Frauen an seinem Grab und er war nicht mehr da.“
„Jetzt ist er auch noch weg!“, ungläubig schütteln beide den Kopf.
„Und da waren Engel, die sagten, dass er nicht tot sei, sondern leben würde. Leben? Aber wir haben doch gesehen, dass er tot ist. Ob die Frauen verrückt geworden sind? Wir selbst fühlen uns ja, als würden wir verrückt werden.“ „Und wenn er wieder leben würde ... warum wissen wir das nicht? Warum ist er nicht hier?“

Der Fremde hört zu, gibt allen Gefühlen einen Raum. Mit jedem Schritt wird er weiter.
Dann, als alles Schwebende ausgeatmet zu sein scheint, beginnt er sich einzumischen. Erklärt, was passiert ist. So, als

könne er einen größeren Zusammenhang. So, als sei diese Geschichte noch nicht fertig erzählt. So als sei alles das und sie auch nicht fremd für ihn.

Dann wünsche ich mir eine Erklärung. Ein „warum“ macht mich handlungsfähig.
Dann wünsche ich mir einen Sinn, eine weitere Geschichte.
Dann wünsche ich mir, dass jemand für mich alles einmal weiterblättert, den Weg für mich geht.

Der Weg wirkt kürzer, der Kopf wird leichter. Sie erreichen sie den Zielort ihrer Reise, ihr vergangenes Zuhause- das, bevor alles neu wurde. Sie laden ihn zum Abendessen ein. „Wer er wohl ist?“, flüstert sie ihm heimlich zu.

Sie stellen Brot und Wein auf den Tisch. Nicken dem Gast ermutigend zu, dass er mit Essen beginnt. Da fängt er plötzlich an, große Worte über Gott zu formulieren. Lobt seine Einzigartigkeit. Verwundert schauen sie sich an. Es hat etwas Vertrautes, wie er von Gott spricht. Wie vor dem Moment, als sie Hoffnung verloren. So fühlt es sich an. So warm und gelöst und hoffnungsvoll. Und – da starren sie sich beide erschrocken an: In dem Moment ist ihr Gast verschwunden.

„Das … das war …“
„Jesus.“, ergänzt sie.
„Aber wie …?“
„Und warum zu uns?“

Es braucht nicht viele Worte.

Sie schauen auf den Tisch, der schon immer so stand. Sie räumen ihn ab. Packen das Brot ein. Und den Wein. Sie schauen auf ihre Wände, die sich so eng und unfrei anfühlen. Bis sie vor einigen Monaten ihr Dorf verließen, dann war da plötzlich Sehnsucht und Freiheit.

Also brechen sie wieder auf. Reisen in die Nacht hinein. Zurück denselben Weg.
Waren kaum angekommen und sind jetzt schon wieder unterwegs.
Schmerzende Füße, die sich nicht ausruhten.
Aber sie möchten zurück.
Weil Jesus lebt.
Weil es nicht vorbei ist.
Weil die Geschichte nicht zu Ende erzählt wurde.
Und weil sie sie ganz sicher nicht verpassen wollen.

Sie reisen zurück zu dem Ort, an dem die anderen Jüngerinnen und Jünger sind. Von dort kann es weitergehen.
Lass uns darüber mal spazieren gehen. Vielleicht hilft das dann. Wenn wir laufen und wenn wir reden können und wenn du alles, was sich in dir an Dunkelheit festgesetzt hat, loswerden kannst. Lass uns mal darüber spazieren gehen. Lass uns sehen, was auf dem Weg geschieht.

Ich finde in der Trauer eine neue Geschichte.
Ich verlor. Aber werde wieder gefunden.
Sanft bettet Christus mich ein in seine Zeilen.
Flüstert Hoffnung hinein und „es ist noch nicht vorbei".

Ich bin von dem weggegangen, was ich nicht mehr glaube.
Habe meinen Rücken zu dem gekehrt,
was mich enttäuscht hat.
Meine Füße tun weh. Mein Herz ist verletzt.

Christus ist da.
Nimmt mich wahr. Hört mir zu. Zeigt einen Weg.

Und dann,
dann drehe ich um.

SICH SELBST AUF DER SCHLICHE

1. Was hast du aufgegeben?
2. Angenommen, Christus würde mit dir spazieren: Was würdest du ihn fragen? Was würdest du dir an Erklärung oder an größerem Zusammenhang wünschen?
3. Was kannst du wieder neu beginnen?

AUFTAUCHEN

Auf dass ihr gemeinsam spazieren könnt.
Christus und du.
Auf dass Hoffnung da hineinstrahlt, wo Verlust ist.
Auf dass Mut zurückkommt, dort wo du aufgegeben hast.
Auf dass du Kraft hast, zurückzugehen und es noch einmal zu probieren.
Weil Christus lebt.
Weil Christus selbst nicht aufgegeben hat.
Weil Christus dich so wichtig nimmt, dass er mit dir geht.
Auf dass ihr gemeinsam spazieren könnt.
Und du ihn erkennst, ihm vertrauen kannst und deine Füße genügend Kraft haben, um zurückzulaufen.

Klein werden

„Du bist größer als mein groß
und das mag ich an dir.“
JONNES

EINTAUCHEN

NACH APOSTELGESCHICHTE 9

Weil man immer so verdammt stark sein muss.

Hat ja niemand gesagt – nicht direkt zumindest. Aber er fühlt es doch und er sieht doch, dass man ihn braucht. Also hat er sich in dieses Ehrenamt gestürzt. Und ja, er ist derjenige, der wirklich alle Protokolle liest und es genau nimmt. Er hat Menschen in dem Gremium kommen und gehen sehen, aber er ist immer geblieben. Es braucht doch jemanden, der bleibt.

Und dann hat er auf der Arbeit seinen Job eben wirklich gut gemacht. Die haben Stellen abgebaut über ihm. Haben alles gekürzt und es wurde mehr und mehr, aber er hat gearbeitet. Hat seinen Job trotzdem gut gemacht. Hat gesagt, dass es ihm auch nicht um Stunden geht.

Aber dann ging es seiner kranken Tochter immer schlechter und langsam hätte es doch auch mal genug sein müssen. Ehrenamt. Job. Familie. Und seine Frau, die trotz allem plötzlich arbeiten gehen will und Dinge sagt wie „Nie konnte ich für mich etwas leben. Wer bin ich eigentlich?" Und er versteht gar nicht, was sie will. Oder was sie da sagt. Wer sie ist? Na, sie ist doch Erika. War sie doch schon immer.

Plötzlich kamen Magenschmerzen. Immer mehr. Weniger Appetit.

Er war immer schnell. Ist doch zwischen all dem immer gut hin- und hergerannt. War ehrgeizig.
Weil man doch immer so verdammt stark sein muss.

48 Jahre nach Christus. Vielleicht mehr – vielleicht weniger.

Staub wird aufgewirbelt. Er ist schnell unterwegs.
Nichts kann ihn aufhalten, solange er den Fokus auf sein Ziel behält.

In ihm liegt Kraft.
In ihm liegt Energie.
Er ist stark.
Oder vielleicht glaubt er das auch nur zu sein.
Er ist diszipliniert.
Was er tut, das geschieht mit Ehrgeiz und Authentizität.
Vielleicht nennt man so was stark.
Er wird zu Großem beauftragt – er darf durch das Land reisen.
Große Wege auf sich nehmen für diese eine Mission:
die Unruhestiftenden zur Ruhe zu bringen.

Das, was sie tun, ist zu neu.
Das, was sie glauben, ist zu gewagt.
Das, was sie sind, das ist er selbst nicht.
Und er hasst es.

Staub wird aufgewirbelt. Er ist schnell unterwegs.
Nichts kann ihn aufhalten, solange er den Fokus auf sein Ziel behält.

Mit diesem Fokus kann er diesen Schmerz in seinem Körper ignorieren.
Manchmal auch diese Unruhe tief in ihm.
Es würde besser werden, wenn die Unruhestiftenden keine Stimme mehr hätten.
Dann käme Ruhe.
Und sein Sieg.
Er, Saulus, er wäre der, der es erreicht hat.
Er, Saulus, er würde laut werden.
Er, Saulus, würde seinem eigenen Namen Ehre machen.

Saulus bedeutet übersetzt „Der von Gott Erbetene".
Doch wird sich in dieser Geschichte sein Name ändern.
Er wird Paulus werden.
Das bedeutet übersetzt „klein".
Saulus wird klein werden.
Und das ist das Großartige an dieser Geschichte.
Und das wird das Großartige an dieser Geschichte werden.

Seinem Ziel immer näherkommend, wird Saulus plötzlich unterbrochen.
Ein strahlendes Licht am Himmel.
So stark, es blendet ihn.
Er hebt die Hände vor sein Gesicht, muss die Augen zusammenkneifen.
Sieht nichts mehr.
Verliert die Kontrolle über seinen Weg. Stürzt zu Boden. Spürt Schmerz.
Verliert sein Ziel. Wird blind.

„Du musst zum Arzt gehen", sagt Erika.
Sie sagt das seit Wochen. Er brummt.
Schaut sie dann stumm an.
Blickt an ihr vorbei an den Kühlschrank, wo jetzt der Plan ihres Sportkurses hängt.
Eine Bewerbung liegt auf dem Tisch. „Ich denke, die Stelle könnte wirklich zu mir passen.", sagt sie.
„Hmpf.", macht er, nimmt einen Schluck Kaffee, der seinen Magen durcheinanderschüttelt.
Er sollte keinen Kaffee mehr trinken. Aber auf der Arbeit ist er sonst zu müde.

Erika schaut ihn streng an: „Es wird Zeit, dass du weniger arbeitest. Und es wird Zeit, dass du den Gemeinderat verlässt. Du solltest abends zu Hause sein."
Da zuckt es durch seinen ganzen Körper.
Dieses Mal ist es nicht der Magen.
Es ist die Vorstellung, es aufzugeben. Er macht das doch gut. Er ist doch jemand.
„Bernhard, wenn wir dich nicht hätten.", sagen sie im Gemeinderat und klopfen ihm auf die Schulter.
Und er hält durch. Er ist doch stark. Er schafft es doch.
Er schläft wenig. Er hat keine Pausen. Er belegt keine Sportkurse, wie Erika.
Aber er hält das doch aus.
Warum kann Erika nicht sehen, wie er es aushält?
Seine Kaffeetasse in der Hand wackelt. Ein paar Tropfen schwappen über den Tassenrand.
Sie landen auf der Bewerbung.

„Saulus, warum verfolgst du mich?", hört Saulus eine Stimme.
Aber wen verfolgt er denn eigentlich?
Die Unruhestiftenden, die Lauten, die Lächelnden, die Lebendigen?
Gott selbst redet zu Saulus.
„Ich bin der, den du verfolgst."
Keinen Menschen – Gott selbst will Saulus stoppen.

Er versucht die Augen zu öffnen.
Zögerlich.
Wird er gleich Gott selbst sehen?
Er sieht nichts.
Nicht Gott.
Und nichts anderes.
Nur schwarz. Das Augenlicht ist weg. Sein Fokus fehlt.

Der Staub wurde aufgewirbelt und legt sich wieder auf die dreckigen Straßen.

Er, der schnell und kraftvoll geritten ist, wird nun geführt.
Er, der große Ziele hatte, wird unterbrochen.
Er, der ein klares Ziel vor Augen hatte, ist blind.

Saulus begegnet Hananias, einem frommen Mann.
In ihm bäumt sich etwas auf. Ausgerechnet Hananias könnte ihm helfen.
Vermutlich wird er sich dabei auch noch von Gott berufen fühlen.
Es schmeckt bitter.
Diese Unruhestiftenden, die helfen, lächeln, die lieben.
Sie sollten das nicht tun. Sie sollten ihm nicht helfen.

Denn er, Saulus, er wollte doch, dass ihre Stimme leiser wird. Nun nutzt Hananias seine Stimme. Betet für Saulus. Legt ihm die Hände auf.
Beinahe will Saulus sie abschütteln.
Der Mann, den er umbringen wollte, bittet Gott, ihm Augenlicht zu senden.
Und Saulus wird plötzlich ganz ruhig, sitzt da, sieht nichts.
Und dann ist plötzlich alles ganz anders.

Und der Mann, der so groß sein wollte, wird klein.

Zwei Jahre später kann er zurückschauen.
Auf diesen einen Arzttermin, den er gebraucht hat.
Nur einen, um zu wissen, wie die Schmerzen aufhören.
Einen einzigen Termin, für den er so lange brauchte.
Weil er dafür keinen Urlaubstag nehmen wollte.
Und weil der Kirchengemeinderat so viele Projekte hatte.
Und weil Erika nach ihrem Arbeitstag zum Sport ging und dann in ihren pinken und gelben Sportleggins glücklich nach Hause kam.
Und weil er es nicht zugeben wollte.
Er wollte nicht zugeben, dass er nicht recht hatte.
Dabei musste er eigentlich nicht so verdammt stark sein.

Und was das denn überhaupt war? Stärke? Und wann war man denn eigentlich groß?

Er sitzt hier.
Kann dankbar sein. Stellt für Erika ein Getränk kalt nach dem Sport. Das mag sie doch so gern.

Manchmal erwischt er sich dabei, dass er es fast genießt. Manchmal vermisst er auch Geschäftigkeit. Aber es muss nicht alles gut sein, um gut zu sein.
Und er muss nicht groß sein, um Teil von etwas Großartigem zu sein.

Paulus reist. Er ist schnell unterwegs.
Sein Fokus ist die ganze Welt.
Glaube, Liebe, Hoffnung im Gepäck.
Er hat sie in seiner dunkelsten Zeit gefunden.
Jetzt gibt er davon weiter.
Er muss dabei schmunzeln, dass er selbst zu einem dieser Unruhestiftenden geworden ist.
Und dass er dabei Ruhe gefunden hat.
Nicht eine, die ihn still macht und energielos und träge.
Aber eine, die ihn mit sich selbst versöhnt.
Mit dem, wer er ist.
Mit seiner Größe.
Mit seinem Kleinsein.

Weil mit ihm dieser Gott ist.
Der größer als jedes Groß ist.

SICH SELBST AUF DER SCHLICHE

1. Wovon könntest du in deinem Leben unterbrochen werden?
2. Wofür bist du blind geworden?
3. Wie könnte Gottes Größe in deinem Leben aussehen?

AUFTAUCHEN

Begegne uns mit deinem Licht,
damit Ehrgeiz und Geschäftigkeit unterbrochen werden.

Begegne uns mit deinem Licht,
damit wir uns neu orientieren und deinen Fokus finden.
Hilf uns, alte Muster loszulassen.
Tröste uns, wenn wir glauben, etwas zu verlieren.
Mach uns sensibel für das, wofür wir blind werden können.

Segne uns damit,
dass wir klein werden dürfen.
Dass wir uns nicht groß machen müssen, um gesehen zu sein.
Dass wir uns nicht wichtigmachen müssen, um etwas zu gelten.
Dass wir nicht herrschen müssen, um gestalten zu können.
Segne uns mit Kleinheit in deiner großartigen Geschichte.
Du hast darin ja schon längst einen Platz für uns!

Zum Gruseln

Und könnte es nicht sein, dass unter deiner Angst
versteckt – mit hässlichen, starken Wurzeln –
eine Lüge liegt, der du Glauben schenkst?

EINTAUCHEN

NACH JOSUA 2,1-24

Es ist zum Gruseln.
Dieses Wissen, dass ich es nicht ändern kann. Machtlos bin.
Damit auch hilflos.

Mein Name ist Rahab.
Ich werde eines Tages im Stammbaum von Jesus stehen.
Von dem Jesus, der die Kriege beenden wird, der keine rote Schnur binden wird, aber rotes Blut vergießen. Davon weiß ich heute aber nichts.
Eines Tages wird mein Name in dieser bedeutenden, großen Geschichte eingebettet sein.
Aber gerade bin ich nur Rahab.
Eine Frau in Jericho. Eine Ungebundene. Eine Unverheiratete.
Eine Kinderlose.
Eine Frau, um die sich wie ein Duft die Gerüchte ausbreiten:
Kein Mann? Woher kommt ihr Geld? Wer sind die Menschen in ihrem Hotel? Wer sind die Männer?
So reden sie.
Aber reden nicht mit mir. Gehen an meinem Hotel vorbei.
Schauen neugierig herein. Bestellen mal einen Wein.
Stellen mir keine Fragen, aber meinen, meine Antworten zu kennen.

Ich habe wenig mit diesen Menschen gemeinsam.
Und vielleicht ist das auch in Ordnung so.

Ich bin zwar eine Bürgerin in Jericho, gehöre irgendwie dazu. Aber mein Name Rahab bedeutet übersetzt „die Offene".

Ich habe wenig mit diesen Menschen gemeinsam.
Außer diese Angst. Die tragen wir alle in uns.
Sie kriecht in uns hinein. Dann, wenn die Dunkelheit am tiefsten ist.
Wenn alles um uns still wird. Sie ist laut. Sie schreit. Stellt Fragen. Engt ein.
Es ist diese Angst, dass wir alle irgendwann unser Zuhause verlieren werden.
Und vielleicht unser Leben. Dass das, was Zukunft bedeutet, sich auflöst in Schmerz.

Es sind die Israeliten, die Jericho belagern.
Sie werden es einnehmen.
Da bin ich mir sicher. Sie haben diesen Gott, dessen Namen ich nicht kenne.
Ich habe wenig von ihm gehört, aber ich weiß, dass er ihnen Halt gibt.
Und ich weiß es ganz tief in mir: Die Israeliten werden unser Land einnehmen, werden uns töten, werden in unseren Betten schlafen, werden an unseren Tischen essen, werden unsere Fenster öffnen und die Sonne von Jericho in ihr Gesicht scheinen lassen.
Sie werden unser Leben leben.

Es ist zum Gruseln.
Wenn ich morgens aufstehe, dringt diese Angst noch tiefer in mein Bewusstsein.

Und da ist nichts, woran ich mich halten kann. Ich taste in die Luft. Und greife nichts.
Mache einfach weiter.
Darin bin ich gut. Werden sie morgen kommen? Übermorgen? Erst in einem Monat?

Menschen reden seitdem weniger über mich.
Sie haben wichtigere Themen. Sie überlegen, gegen die Belagerer anzukämpfen. Oder sich zu ergeben.
Nein, niemals ergeben. Kämpfen. Oder doch fliehen. Oder bleiben und kämpfen?
Es sind so viele Fragen.
Und alle sind zum Gruseln.
Und ich glaube, ich kann nichts tun.
Ich bin Rahab.
An mir läuft man vorbei. Oder durch mich durch.

Da klopft es an meine Tür.
Ich öffne, obwohl es spät ist, mein Hotel längst geschlossen hat.
Es sind zwei Männer, die ich noch nie gesehen habe.
Sie wirken fremd, wollen eine Nacht bleiben. Ich lasse sie herein.

Sie sind in ihrem Zimmer, waren freundlich und höflich, haben mich nicht mit diesem Blick angeschaut, wie es andere schon getan haben.
Sie sind in ihrem Zimmer, ich will zu Bett gehen, da klopft es wieder.
Dieses Mal stehen Soldaten aus Jericho vor der Tür.
„Bei dir müssen zwei Männer sein. Es sind Spione aus Israel. Wir müssen sie töten."

Mein Herz klopft. Die zwei Männer. Spione. Meine Angst wird groß und greifbar.
Aber sie wirkten doch nicht gefährlich. Die Soldaten mir gegenüber hingegen sehr.
Schauen mich an. An mir herunter. Es ist zum Gruseln.

„Na los, Hure! Lass uns rein.", sagt der eine. In mir zieht sich alles zusammen.
„Hier sind keine Männer", lüge ich mit klopfendem Herzen.
„Wir glauben dir nicht. Lass uns rein.", zischt der eine Soldat.
„Hier waren zwei Männer, aber ich wusste nicht, wer sie waren, und sie sind weg."
„Lass. Uns. Rein.", sagt der Soldat scharf und will sich durch die Tür zwängen.
„Ich ziehe mir nur kurz etwas über", lüge ich und schließe schnell die Tür.

Sie müssen mein Herz laut schlagen hören. So fühlt es sich jedenfalls an.
Diese Männer in meinem Haus kommen aus Israel. Sie glauben an einen Gott.
Glauben an etwas Größeres als Angst. Macht. Gewalt. Glauben an Hoffnung.
Waren freundlich. Haben mir in die Augen gesehen.

Ich laufe die Treppen in ihr Zimmer hoch. Schnell.
Weiß nicht, warum ich das eigentlich tue, aber es fühlt sich richtig an.
Flüsternd warne ich: „Versteckt euch! Geht auf die Dachterrasse und versteckt euch!"
Sekunden später öffne ich mit einem künstlichen Lächeln die Tür.

Die Augen der Soldaten sind Schlitze. Einer nimmt grob meinen Arm. Es tut weh. Ich sage nichts.
Das Haus ist ruhig. Bis auf die schweren Schritte der Soldaten. Sie durchsuchen jeden Raum, öffnen jeden Schrank, reißen an jeder Bettdecke.
Ich glaube, meine Beine müssen einknicken. Ich ringe um Luft. Es ist zum Gruseln.

Da finden sie die Treppe zum Dach.
„Was ist dort?", ruft der eine Soldat.
„Nur Pflanzen.", sage ich selbstbewusst. Und lächle. Er rempelt mich an, geht an mir vorbei die Treppe hoch. Ich folge ihnen aufs Dach. Da sind die Sterne.
Da ist die Dunkelheit der Nacht. Und meine Pflanzen.
„Sie müssen hier sein. Der König hat befohlen, dass wir sie zu ihm bringen.", brummt der eine Soldat.
Ich zittere. Und auch ihre Stimme zittert. Auch sie haben wohl Angst. Es ist zum Gruseln.

Das Gute zu tun, kann wehtun.
Richtig zu handeln, sieht nicht immer schön aus.
Das denke ich mir, als sie mich zur Seite schubsen.
Es wäre so leicht, die Spione auszuliefern.
„Wenn du uns anlügst, Hure …", spricht der eine Soldat.
Und kommt mir ganz nah, „Dann bist du tot. Und deine Familie auch."
Ich schlucke.

Sie verschwinden wieder. Ich schließe die Tür. Lehne mich mit dem Rücken an das harte Holz. Atme schwer.
Ich höre Geräusche von der Dachtreppe.

Die Spione kommen aus ihrem Versteck. Sie wurden nicht entdeckt.
Ich schaue sie direkt an. Mutig, schiebe mein Kinn nach vorne. „Ich weiß, dass Gott euch Jericho geben will. Ich weiß, dass euer Gott mit euch ist. Ich habe euch beschützt. Nun versprecht mir, dass ihr mir helft und meine Familie nicht tötet."
Die Spione nicken. Schauen mich freundlich an. Nicht fremd. Nicht abwertend. So, als wäre ich ein Teil, so, als wäre ich gesehen.
Sie fordern mich auf, eine rote Schnur an mein Fenster zu binden.
Auf diese rote Schnur werden sie achten und mein Haus und alle Menschen darin verschonen.
Meine Zukunft wird hier weitergehen können. Inmitten eines fremden Volkes. Mit einem fremden Gott. Und doch:

Der Gott, der mit diesen Israeliten war, der ist auch mit mir.
Es war zum Gruseln.
Aber ich war nicht machtlos.
Ich durfte und konnte etwas tun.
All die Lügen über meine Person und das, was ich niemals tun kann, ich kann sie jetzt sehen.
Und aufdecken.
Ich binde nun eine rote Schnur an mein Fenster, ein Symbol von Hoffnung, von Leben, von Angst, die keine Macht mehr hat.

SICH SELBST AUF DER SCHLICHE

1. Was macht dir Angst?
2. Könnte hinter deiner Angst eine Lüge liegen, der du glaubst?
3. Wenn dein Leben ein Kapitel in einem großen Buch ist, wie lauter der Buchtitel? In welcher großen Geschichte kommt deine kleine Geschichte vor?
4. Worin kannst du dir heute zusprechen, dass du eben nicht machtlos bist?

AUFTAUCHEN

Deine Geschichte ist nicht nur für dich.
Sie ist auch für die, die kommen.
Sie ist für die Hoffnung.
Gutes zu tun kann weh tun.
Versöhnend zu handeln kann so hässlich aussehen.
Und doch:

Du bist nicht machtlos.
Du kannst Veränderung prägen.
Du kannst mutig sein.
Du kannst das Gute und Hoffnungsvolle wählen.
Du kannst Grusel überwinden.
Du kannst Lügen hinter deiner Angst aufdecken.
Deine Beine können einknicken. Dein Herz kann klopfen.
Und doch kannst du eine rote Schnur binden und deine Geschichte zu einer Geschichte der Hoffnung werden lassen.

Du für mich

EINTAUCHEN

NACH RICHTER 4

Wir befinden uns ca. im Jahr 1000 vor Christus.

„Wir können nicht mehr.“, sagen sie – die Entmutigten, die Müden, die Ausgelaugten.
„Zwanzig lange Jahre, über denen drohend die Frage schwebt, ob wir uns selbst gehören oder ob nicht eines Tages Sisera Macht über uns gewinnt. Er ist so stark. Viel stärker als wir. 20 Jahre lang hielten wir ihm stand, aber wir können nicht mehr. Schau uns doch an, wir sind am Ende.“ So sagen sie.

Wenn Sisera weiter so wütet, dann wird er gewinnen. Das spürt auch sie: Deborah.
Deborahs Leben spielt sich im Gebirge Ephraims ab. Dort ist sie als Richterin für das Volk Israel eingesetzt. Es gibt keinen König, keine Regierung. Als einzige Frau der Bibel wird sie als Mutter bezeichnet, ohne biologische Kinder zu haben. Aber Mutter zu sein geht auf vielfältige Weise. Deborah ist als Richterin für Israel eine mütterliche, beratende Leiterin.
Ihr Name bedeutet übersetzt „Biene“. Nicht, weil sie sticht, aber weil sie summt.
Weil sie dem Leben Klang gibt.

Und sie summt nicht nur selbst, sondern sie hört auch zu. Sie hört, wie die Menschen über Sisera reden, den Heerführer Jabins. Wie in ihren Herzen, in ihrem Handeln, in ihrem Blick Angst wächst.

„Wir können nicht mehr."
Immer wieder sagen sie das.
„Wir können nicht mehr."
Und während sie das sagen, bekennen sie auch: „Wir wollen nicht mehr. Wir geben auf. Das ist zu viel."

Eine ganz andere Geschichte. Das Jahr 2023.

„Wir können nicht mehr.", sagen sie. Die Entmutigten, die Müden, die Atemlosen.
Wir haben es ausgehalten, wir haben uns zusammengehalten.
Es ist wie bei einer überspannten Schnur – irgendwann reißt sie.
Und alles, was die Schnur hielt, das fällt.
Fällt auf.
Fällt herunter.

Das Mittelmeer. Menschen, bei denen Leben zerfließt, während sie vor dem Tod fliehen.
Der Menschenhandel. Menschen, die Ware werden und angeschaut werden, ohne sichtbar zu sein.
Der Krieg. Nah. Grausam.
Das Gesundheitssystem. Dem einen fehlt eine Herzklappe, dem anderen jemand zum Reden und überall fehlt Platz und Personal.
Der Klimawandel. Ziele, die nie erreicht werden können.
Und welche Milch kann man guten Gewissens noch kaufen – die regionale in Tetra Paks oder doch die in Flaschen von weiter weg, die bio oder die vegane oder Reisdrink oder … verdammt noch mal! Welche Milch soll man denn jetzt in den Kaffee kippen?
Und kann man jetzt nicht einmal mehr ohne große globale Gedanken Kaffee trinken?

„Wir können nicht mehr.", sagen sie. Immer wieder. „Wir haben es ausgehalten, aber wir können nicht mehr." Und während sie das sagen, sagen sie auch: „Wir wollen nicht mehr. Das ist zu viel."

Deborah ist nicht nur eine Mutter und Richterin. Sie wird auch Prophetin genannt. Eine Frau, die die Gegenwart wahrnehmen kann, die zwischen den Zeilen hört. Eine Frau, die sensibel ist für die kleinen Anfänge, für die leisen Vorboten der Zukunft. Sie sieht in all den trägen, müden Augen eine zaghafte Hoffnung auf einen Gott, der noch handlungsfähig ist, der nicht aufgegeben hat.
Und deswegen summt sie das Lied der Hoffnung.
Sie ruft Barak, den Feldherrn, zu sich, um ihn zu beauftragen, in den Krieg gegen Sisera zu ziehen.
Kämpfe kämpfen, Schlachten schlagen, mächtigen Herren die Stirn bieten - das ist Baraks Gebiet.
Aber als Deborah ihm den Auftrag gibt, fühlt er vor allem eins: Angst.
Tiefe Gräben haben die letzten zwanzig Jahre in ihm gezogen. Narben, die immer noch schmerzen. Hat er nicht genug gegeben? Darf er jetzt nicht aufhören und aufgeben?

Barak hat Angst.
„Kommst du mit mir?", fragt er.
Der große Feldherr schaut der Frau, der Mutter, der zaghaften Hoffnung in die Augen.
„Kämpfst du mit mir?"

Wenn sich das Leben aufteilen lassen würde. Wie kleine Käsekuchenstücke.
Wenn man für jeden Moment ein anderes Stück aufschneidet und es herunterschlucken kann, bevor das zweite kommt. Aber das Leben ist kein Käsekuchen, das Leben ist ein Auflauf, bei dem alles gleichzeitig auf einem Teller landet, auf einer Gabel, in einem Mund.

Wäre in dem Leben nur die Herausforderung in der Partnerschaft – wäre da nur die Unsicherheit im Beruf – wäre da nur ein krankes Kind – wäre da nur die Baustelle –
Aber es ist nicht nur das Eine. Es kommt alles und alles kommt gleichzeitig und alles kommt zu viel.
Ich kann nicht mehr.
Ich will nicht mehr.
Ich mute mich damit niemandem zu.
Ihnen ist es auch zu viel.
Bei jedem liegt auf dem Teller ein Auflauf, der nie weniger, sondern immer nur mehr wird.

Es lässt sich Hilfe in dem Unscheinbaren finden.
In dem vermeintlich Schwächeren.
Vielleicht erinnert sich Barak an all die Momente, in denen er geglaubt hat, mächtig zu sein.
All die Momente, in denen er bewusst an die Spitze ging; in denen er Zuversicht ausgestrahlt hat.
Vielleicht sind es all die Narben, die sein Körper trägt.
Vielleicht ist es seine Müdigkeit und Verzweiflung.
Vielleicht ist es dieser eine mutige Moment, in dem er fühlt: Ich muss nicht alleine stark sein. Es ist nicht wichtig, ob später darüber gesprochen und geschmunzelt wird: *„Du hast Debo-*

rah gebeten, mitzugehen? Du hattest Angst? Du nimmst eine unausgebildete Frau mit in den Krieg?"

Barak traut Deborah zu, dass sie seine Angst mittragen kann. Gemeinsam setzen sie sich dem Schrecken aus. Gemeinsam überwinden sie ihn.

Deborah beginnt zu singen.
Ein Dankeslied. Sie hatte den Sieg schon vor Augen, sie trug ihn schon im Herzen, noch bevor er war.
Sie summte Hoffnung, als sie noch nicht sichtbar war.

Barak brauchte diese Deborah.
Er brauchte diese Hoffnung, er brauchte ihr Vertrauen. Deborah brauchte Barak. Brauchte seine Überwindung, brauchte seinen Mut. Und als Barak Hoffnung nicht glauben konnte, da glaubte Deborah für ihn mit.

Sie sitzen im Café, bestellen Himbeertorte und Käsekuchen.
„Magst du probieren?", fragt Helen und während Lilly einen Bissen vom Käsekuchenstück nimmt, nimmt Helen ihren Mut in den Mund.
„In letzter Zeit, da ...", beginnt Helen. Ein zaghafter Versuch von Ehrlichkeit.
Lilly schaut sie nicht an. Ist noch beschäftigt mit der Himbeere. Ist noch beschäftigt damit, dass eine E-Mail auf ihrem Handy aufploppt. Ist noch beschäftigt damit, dass ihr Kopf dröhnt, weil es heute im Kindergarten so laut war. Ist noch beschäftigt damit, Platz in sich zu finden, obwohl alle Plätze vergeben zu sein scheinen.

Helen will einen Rückzieher machen. Lieber doch etwas Leichtes erzählen. So was wie ein Kommentar über das Wetter. So was wie ein Kompliment zum Käsekuchen. So was wie eine heile Welt.
Aber dann hört Lilly zu und wiederholt, „Was wolltest du sagen?"
„Ich glaub, ich brauche Hilfe.", sagt Helen und mutet sich Lilly damit zu. „Ich glaube, ich schaffe das so, wie es gerade ist, einfach nicht mehr."
Helen sieht die Augenringe bei Lilly und weiß, dass Lilly selbst genügend in ihrem Kopf, in ihrem Kalender, in ihrem Herzen trägt und trotzdem teilt sie sich mit.
Während Helen nach und nach um Worte ringt und ihr Erleben teilt, während Tränen über die Wange rinnen, traut sie ihrer Freundin zu, dass sie dafür noch Platz finden kann. Dass der Platz der Freundin nicht gestrichen ist.
Und Lilly hat keine Lösung, aber sie teilt ihr Himbeerkuchenstück und vor allem teilt sie Empathie und weint mit.
Und für diesen Moment, da reicht das, um weiterzumachen.

Als Lilly zuhört, da summt sie auch ein Lied der Hoffnung. Ein leises. Aber Hoffnung bleibt Hoffnung, auch wenn sie nicht laut ist.

In unser aller Leben brauchen wir eine Deborah.
Eine, die zuhört und wahrnimmt.
Eine, die Mut zeigt und die singt.
Eine, die Gegenwart wahrnimmt – so realistisch, wie sie sich malt.
Und dann doch so kühn ist und in die Zukunft hinein Hoffnung spricht.

In unser aller Leben brauchen wir eine Deborah.
Eine, die mit uns kommt und zeigt, „Wir sind ein Wir“.
In unser aller Leben brauchen wir eine Deborah.
Die uns etwas zutraut – eine, die mal mehr glaubt als wir.

Es gibt Zeiten in unserem Leben, da dürfen wir die Deborah für andere sein.
Das sind die Zeiten, in denen wir Kraft genug haben.
Es gibt Zeiten, da dürfen wir uns unsere Deborah suchen. Jemanden um Hilfe bitten.
Uns mitteilen und zeigen: Wir können nicht mehr, aber wir können vielleicht gemeinsam.
Und vielleicht gewinnt am Ende die Hoffnung.
Und wenn wir das nicht glauben können, dann ist das okay, weil dann glaubt das eine Deborah für uns mit.

SICH SELBST AUF DER SCHLICHE

a) Mit welchen Herausforderungen kämpfst du in deinem Leben?
b) Wer in deinem Umfeld könnte deine Deborah sein?
c) Könntest du für jemand in deinem Umfeld eine Deborah werden?

AUFTAUCHEN

Segen mit dir,
auf dass du in dich hineinspüren kannst und entdeckst, was dir fehlt.
Segen mit dir, auf dass du sensibel sein kannst.
Mit dir selbst, mit anderen, mit Gott.
Segen mit dir,
dass du so mutig bist, dir Hilfe zu suchen.
Segen mit dir,
dass dir Menschen begegnen, die dir helfen können.
Segen mit dir,
dass du siehst, wer Hilfe braucht, und so entschlossen bist, zu handeln.
Segen mit dir,
mit deinen Barak-Seiten.
Mit deinen Deborah-Seiten.
Segen,
auf dass in dir das Lied der Hoffnung summt.
Selbst wenn es leise ist.

Göttliche
Arme
Eine göttliche Begegnung
wie eine Umarmung.

EINTAUCHEN

NACH 2. KÖNIGE 6,8-24

Die, die um uns sind, sind größer als die, die auf uns zukommen.

Elisa ist Prophet in Israel. In einer Zeit, in der immer wieder Aramäer das Land angreifen. Immer wieder Pläne schmieden. Immer wieder mächtige Heere senden. Immer wieder scheitern. Denn Gott lässt Elisa die Pläne der Aramäer wissen und dieser warnt den israelischen König.

Der aramäische König zittert vor Wut, als sein gut geplanter Schachzug ein Rückzug wird. Er vermutet einen Spion in seinen eigenen Reihen, vermutet, dass irgendjemand seiner Vertrauten gegen ihn sein muss. Drohend nimmt er seine eigenen Leute unter die Lupe. Aber sie verneinen und erzählen stattdessen von Elisa, dem Mann, zu dem Gott immer wieder sprechen würde.
Ein Blitzen durchzieht die Augen des aramäischen Königs, als er erneut eine Armee nach Israel sendet – dieses Mal mit dem Auftrag, Elisa zu töten.

Gehasi, der Auszubildende Elisas, riecht beim Aufwachen die frische Luft des anbrechenden Tages.
Er sieht die glitzernde Sonne, die mächtigen Berge, die im Wind wehenden Blätter, die braunen Dächer und – eine riesige Armee auf sich zukommen.
Schnell schließt er wieder die Augen. Nur einen kurzen Moment hat er weiterhin geträumt. Gleich wird die Armee aus dem Blick-

feld verschwunden sein. Er öffnet seine Augen wieder. Da ist die glitzernde Sonne, die mächtigen Berge, die im Wind wehenden Blätter, die braunen Dächer und – immer noch die Armee.
„Sie kommen auf uns zu." Gehasi schluckt. Sein Herz pocht. Er rennt zu Elisa: „Elisa, die Aramäer – sie kommen auf uns zu."

Elisa bleibt ruhig. „Herr, öffne du Gehasi die Augen", betet er. Gehasi schluckt. Seine Augen öffnen? Er sieht doch die große Bedrohung, er spürt die Angst. Da ist immer noch die Armee, die näher und näher kommt, und da steht noch immer Elisa, der ruhig betet.
Gehasi schaut zitternd nach vorne. Die riesige Armee, die mit schweren Schritten und scharfen Schwertern näherkommt. Seine Beine, die nicht mehr geradestehen können. Sein Herz, das so laut pocht, bald muss es zerspringen. Elisa, der nach rechts und links blickt. „Herr, öffne du ihm die Augen."
Gehasi wendet seinen Kopf von der Armee ab und schaut zur Seite.
Er sieht die Sonne. Die Berge. Die im Wind wehenden Blätter.
Er blinzelt noch einmal.
Da funkelt etwas.
Rechts von ihm und Elisa sind Schwerter in gold und weiß. Da ist ein Engelsheer, mächtiger und größer als das Heer der Aramäer. Ein großes, göttliches Heer beschützt Gehasi und Elisa.

Die, die um uns sind, sind viel größer als die, die auf uns zukommen.
Da ist eine Armee, die schützt.
Da sind göttliche Arme, die halten.
Da braucht es einen Blick – nicht nur nach vorne, sondern auch nach rechts und links.

Elisa betet immer noch. Betet dieses Mal für Blindheit bei den Aramäern, sodass sie ihn nicht erkennen.
Und das tun sie nicht. Sie schauen Elisa und Gehasi in die Augen und fragen, wer und wo Elisa sein könnte. Während ein unsichtbares Engelsheer neben Gehasi und Elisa steht, erklärt Elisa gelassen, dass dieser „Elisa" an einem anderen Ort wohne und die aramäische Armee einen anderen Weg nehmen müsse. Der Heerführer bedankt sich für die Information und lässt sich von Elisa und Gehasi zu der „richtigen Adresse" führen.
Die, die um uns sind, sind viel größer als die, die auf uns zukommen.
Da ist eine Armee, die schützt.
Da sind göttliche Arme, die halten.
Da braucht es einen Blick – nicht nur nach vorne, sondern auch nach rechts und links.

Elisa führt die gesamte Armee in das Herzstück von Israel – der ideale Moment, um die Armee zu überwinden, dem Krieg ein Ende zu setzen – einmal Gewalt, um des Friedens willen. Der ideale Ort für einen Kampf. Das sieht auch der israelitische König so und beobachtet voller Freude, dass ein gesamtes machtloses Heer seiner Feinde vor seinem Fenster lagert.
„Elisa, sollen wir direkt angreifen?", fragt er.
„Nein", so Elisa. Stattdessen wird Wein in Gläser gefüllt und Platten mit Brot und Trauben werden serviert. Ein Festessen für die Aramäer, die Israeliten bewirten sie.
Die Aramäer essen sich satt, sie kehren zurück in ihre Heimat. Und seitdem gab es nie wieder Angriffe von ihnen.

Da ist eine göttliche Umarmung, die schützt.
Da ist der Moment, in dem es keinen Angriff braucht, sondern ein Tropfen Wein und ein Bissen Brot zum Frieden wird.
Ein Friede, der im Mund zusammenfließt und das Herz weich werden lässt.

SICH SELBST AUF DER SCHLICHE

Ich setze mich selbst in die Geschichte und spüre, wann mir die Umarmung fehlt.
Ich spüre hin zu den Momenten, in denen ich mich selbst verschränke, unnahbar werde, zu kontrolliert bin, um mich in göttlichen Armen halten zu lassen.
Ich setze mich selbst in die Geschichte und sehe die Momente vor mir, in denen ein ruhiger, betender Elisa neben mir fehlt – und ein Blick nicht nur nach vorne, sondern auch nach rechts und links. Dort, wo Unterstützung für mich offen liegt.
Ich setze mich selbst in die Geschichte und begegne meinen inneren und äußeren Feinden – und frage mich, was passieren würde, würde ich ihnen ein Essen bereiten. Was würde geschehen, wenn ich sie nicht immer bekriegen würde, sondern wahrnehmen, ihnen gegenübersitzen, einen Wein mit ihnen trinken?

1. Wo sehnst du dich nach göttlichen Armen?
2. Welche Situation verlangt gerade einen Blick nach rechts und nach links und nicht wie gewohnt einen Blick nach vorne?
3. Wie begegnest du deinen inneren und äußeren Feinden? Kannst du ein Essen anstelle von Angriff wählen?

AUFTAUCHEN

Sei gesegnet damit, dass dann, wenn die Umarmung fehlt und deine eigenen Arme schwer werden, diese Situation eine neue Perspektive bekommt.

Sei gesegnet damit, dass du göttliche Arme entdeckst, die dich halten und ruhig werden lassen.

Sei gesegnet damit, dass du spürst: Der, der für dich ist, ist stärker und größer als alles, was gegen dich sein könnte.

Sei gesegnet damit, dass dir Frieden begegnet und du Frieden schließen kannst – dass ein Tropfen Wein und ein Bissen Brot zum Frieden wird.

Danke!

DANKE

Danke an meine Eltern für den Moment, als ich ins Wohnzimmer kam und sie sagten: „Wir würden dir gerne eine Seelsorgeausbildung finanzieren." Danke, dass ihr mir ermöglicht habt, dass ich mir selbst auf die Schliche kam.

Danke an Jan, meinen Ehefreund, meine Gnade. Danke, dass du viel mehr in mir siehst, als ich es könnte und nie meine Träume belächelst.

Danke an Tina, Kerstin, Isabelle, Sandra und Julia. Danke, dass ihr meine Texte gelesen habt. Eure Meinungen sind Mut-Umarmungen für mich.

MIX
Papier | Fördert
gute Waldnutzung
FSC® C018236
FSC
www.fsc.org

Bibliografische Information der Deutschen Nationalbibliothek:
Die Deutsche Nationalbibliothek verzeichnet diese Publikation in der
Deutschen Nationalbibliografie; detaillierte bibliografische Daten sind im
Internet über http://dnb.d-nb.de abrufbar.

Gesamtgestaltung und DTP: Grafikbüro Sonnhüter,
www.grafikbuero-sonnhueter.de
unter Verwendung eines Bildes von © Helena Lansky (shutterstock)
Lektorat: Viktoria Tersteegen
Verwendete Schriften: Ekhart, Sofia, Minion
Gesamtherstellung: Drukarnia Dimograf, Sp z o.o., Bielsko-Biała
Printed in Poland
ISBN 978-3-7615-6961-0

www.neukirchener-verlage.de